Ernst-Christian Demisch
Benjamin Franklin

Wilson pinx.
J. McArdell
B. Franklin of Philadelphia.

Ernst-Christian Demisch

Benjamin Franklin

Von einem, der auszog, die Welt zu verändern

Verlag Freies Geistesleben

In memoriam:
Christoph Lindenberg (1930 – 1999)
dem Lehrer und Anreger

2., erweiterte und überarbeitete Auflage 2011
(Die 1. Auflage erschien 1995 unter dem Titel *Benjamin Franklin. Buchdrucker, Erfinder, Staatsmann*)

Verlag Freies Geistesleben
Landhausstraße 82, 70190 Stuttgart
Internet: www.geistesleben.com

ISBN 978-3-7725-1728-0

Umschlagfoto: iStockphoto: © Arman Zhenikeyev
Gesamtherstellung: DZA Druckerei zu
Altenburg GmbH, Altenburg
Printed in Germany

Inhalt

Honoré Gabriel Mirabeau (1749 – 1791)

Prolog

Keiner der sechshundert Abgeordneten der französischen Nationalversammlung ahnte am Abend des langen Debattentages in Paris, was Graf Mirabeau vortragen würde, als er sich am 11. Juni 1790 noch einmal zu Wort meldete. Schließlich wurde ihm vom Präsidenten das Wort erteilt. Mirabeau konnte seine Erregung kaum zügeln, er rief den versammelten Abgeordneten nur die drei Worte zu: «Franklin est mort!», und jeder der Anwesenden, auch die vielen Zuschauer, wussten, was er mit diesen Worten sagte: Der berühmte Benjamin Franklin war gestorben.

In dem Schweigen, das nun in dem großen Saal eintrat, tauchten bei vielen die Erinnerungen an Benjamin Franklin auf – an den alten, weisen Mann, der als der Vertreter des jungen, mutigen Amerika lange in Paris gelebt hatte und der sowohl im Königshaus als auch beim einfachen Volk geschätzt und beliebt war. Die vielen heiteren Situationen, die sich in der Erinnerung einstellten, milderten den Schmerz über den Tod des ersten Politikers der Vereinigten Staaten, der vor und in dem Revolutionsjahr höchste Anerkennung in Frankreich gefunden hatte. – Was nun in der Nationalversammlung folgte, war ein Meisterstück der Redekunst von Graf Mirabeau, der so viel für die junge Revolution in Frankreich und auch für das Königshaus getan hatte. Er, der sich stets zwischen der Welt des Adels und des neu aufstrebenden Bürgertums bewegte, hielt spontan eine Gedenkrede, die den Zeitgenossen wegen ihres klaren Aufbaues, der sicheren Vortragsweise und des wahren Inhalts lange im Gedächtnis blieb.

«Das Altertum hätte diesem mächtigen Geist Altäre errichtet, einem Geist, der fähig war, zum Wohle der Menschheit in seinem Sinne Himmel und Erde zu erfassen und Donner und Tyrannen gleichermaßen zu bändigen. Europa, aufgeklärt und frei, schuldet einem der größten Männer, die sich je in den Dienst der Philosophie und Freiheit gestellt haben, zumindest ein Zeichen der Erinnerung und Trauer. Ich schlage vor, dass verordnet wird, dass die Nationale Generalversammlung drei Tage lang für Benjamin Franklin Trauer trägt.»

Wer war Benjamin Franklin, dessen Tod am 17. April 1790 so viel innere Bewegung hervorrief und dem zu Ehren sogar eine Staatstrauer im von Amerika so fernen Frankreich beschlossen wurde?

Der Verstorbene gehörte zu jenen Menschen, die aus eigener Kraft die vorgefundene Welt verändern, die mit der größten Anstrengung an sich arbeiten, um ihr Schicksal selber zu gestalten. Franklins Leben umspannte von 1706 bis 1790 eine Zeit, in der die Grundlagen unseres Verständnisses von Politik, Wissenschaft und Wirtschaft gelegt wurden. In Europa war er der erste bekannte Amerikaner. Als Erfinder war er hochgerühmt, als Impulsator zur Verwirklichung der Menschen- und Bürgerrechte wurde er über alles geschätzt. Verehrung kam ihm entgegen wegen seiner Bescheidenheit.

Im Folgenden soll von seinem langen, arbeitsreichen und dramatischen Leben erzählt werden, das vierundachtzig Jahre währte – für damalige Verhältnisse fast eine kleine Ewigkeit.

Kindheit und Jugend

An einem stürmischen Sonntag wurde Benjamin Franklin in Boston geboren. Man schrieb den 6. Januar 1706. Ein kalter Wind blies dunkle Schneewolken über die Hauptstadt der Kolonie Massachusetts an der Ostküste von Nordamerika. In dem kleinen Haus kam Benjamin als der zehnte Sohn des Kerzenziehers Josiah Franklin auf die Welt. Die Eltern waren in Boston bekannt und angesehen; Abiah Franklin war die Tochter des berühmten Puritaners Peter Folger, einem der ersten Siedler in Neu-England.

Schon am Tag der Geburt ging Vater Franklin mit dem Neugeborenen in das gegenüberliegende Gotteshaus, der «South-Church». Das Kind wurde auf den Namen Benjamin getauft, weil der Vater sich mit seinem jüngst verstorbenen Bruder Benjamin tief verbunden fühlte.

Im Laufe des Tages legte sich der stürmische Wind, und die Wintersonne versank mit einem letzten Aufleuchten hinter den Hügeln, die die Stadt Boston im Westen umgeben. Benjamin Franklins Leben überblickend, erscheinen Sturm und Sonnenleuchten gleichnishaft: Ein von Stürmen aufgewühltes Leben von vierundachtzig Jahren liegt vor ihm, an dessen Ende die Verwirklichung seiner Lebensideale alles überstrahlte.

Auch das Leben von Josiah Franklin war nicht ohne Stürme verlaufen. Die schwerste Zeit erlebte er, als seine Frau Anne bei der Geburt des siebenten Kindes 1689 plötzlich verstarb und er sich mit den kleinen Kindern allein durchzuschlagen hatte. Doch die Zeit der Witwerschaft währte nur ein Jahr. Aus seiner Kirchen-

Boston zur Zeit von Franklins Geburt. Stadtkarte von 1722.

gemeinde fanden sich Menschen, die ihm beistanden. So lernte er auch die damals zweiundzwanigjährige Abiah Folger kennen. Die junge Frau half nicht nur im Haushalt, sondern gab mit ihrem liebenswürdigen, ernst-heiteren Wesen dem älteren Josiah Franklin wieder Lebensmut. Sie heirateten nach einem knappen Jahr. Aus dieser Ehe gingen zehn Kinder hervor; später erinnerte sich Benjamin Franklin, dass bis zu dreizehn Geschwister am Mittagstisch saßen. Mit großer Selbstverständlichkeit bewältigte die junge Ehefrau die ständig wachsenden Aufgaben in der Familie. So entstand eine Atmosphäre im Hause Franklin, die dazu angetan war, dass sich der Freundeskreis hier gerne traf.

Nach der Taufe kamen die Freunde der Familie Franklin noch in dem kleinen Haus in der Milkstreet – heute heißt sie Franklin-Street – zusammen. Mancher der Gäste mag im Stillen gedacht haben, wie wohl dieser Josiah seine große Familie weiter ernähren wolle, da mit dem neuen Erdenbürger das fünfzehnte Kind ins Haus gekommen war. In den Kolonien hatten die «Urberufe» Jäger, Fischer, Bauer, Müller, Bäcker, Schmied, Schreiner und Weber rasch Fuß gefasst und ihr Auskommen. Josiah Franklin hatte in England das Handwerk des Wollfärbers erlernt. In Nordamerika musste er bald einsehen, dass er mit diesem Beruf seine wachsende Familie nicht ernähren könne. So lernte er das Seifensieden und das Kerzenziehen. Doch auch dabei reichte der Verdienst nur aus, wenn die größeren Kinder dem Vater halfen.

Seit sich die ersten Siedler im Mündungsgebiet eines großen Flusses, den sie Charles River nannten, niedergelassen hatten, waren gut achtzig Jahre vergangen. Die Siedlung Boston, aus einfachen Holzhäusern und wenigen niedrigen Steinbauten bestehend, wurde zum Mittelpunkt der Kolonie Massachusetts und blühte durch den Handel mit England rasch auf; wertvolle Felle und edle Hölzer waren im Mutterland begehrt. Wohl kamen aus England Waren des täglichen Bedarfs, doch waren diese sehr teuer, sodass die Siedler versuchten, das Notwendige selber herzustellen. Deshalb machten sich die Puritaner, die schon in ihrer Heimat als

Ansicht von Boston im 18. Jahrhundert

geschickte Handwerker und Farmer geschätzt wurden, von den Importen aus England unabhängig.

Die sanften Hügel um Boston waren mit dichtem Mischwald bedeckt. Massachusetts war von vielen Flüssen und Bächen durchzogen, die mit ihrem Fischreichtum das Besiedeln der unerschlossenen Wildnis erleichterten. Die buchtenreiche Atlantikküste bildete den bevorzugten Siedlungsplatz für die Neuankömmlinge aus England. Die Nähe des Meeres, die Hügel und Berge, die kleinen Flüsse erinnerten die Einwanderer an das England des 17. Jahrhunderts. In dieser unberührten Landschaft setzten die Puritaner – wie die englischen Protestanten genannt wurden – alles daran, ein Gemeinwesen nach ihren religiösen Vorstellungen aufzubauen, in dem die Menschen streng nach den Geboten der Bibel leben sollten.

In England waren sie zu Beginn des 17. Jahrhunderts von der Staatskirche verfolgt worden, da sie deren Machtanspruch nicht

Pilgrimfathers: Am 21. November 1620 erreichten die völlig erschöpften Puritaner die Küste von Massachusetts, wo sie ihre erste Siedlung errichteten.

anerkannten. Sie lebten in der Überzeugung, dass jede einzelne Gemeinde sich selbst verwalten sollte. Mit ihrer Auffassung der strengen Selbstzucht und der Zügelung des Genusses bis zur Freudlosigkeit setzten sie sich in Gegensatz zum höfischen Leben. Staat und Kirche verbündeten sich gegen die Puritaner, ihre Gemeinden wurden verboten, die Gläubigen drangsaliert. Schließlich kehrten über hundert Glaubensflüchtlinge England den Rücken. Ihr Ziel war Virginia, die erste – 1585 gegründete – englische Kolonie in Nordamerika.

Im Herbst 1620 fuhren die Glaubensflüchtlinge in einem kleinen Schiff, der «Mayflower», über den Atlantik, um einen eigenen Staat zu gründen und darin unbehelligt nach ihren religiösen Grundsätzen zu leben. Vor ihrer Landung schlossen die einundvierzig «Pilgrimfathers» in der Kajüte feierlich einen Vertrag über ihr Zusammenleben. Ungewollt landeten sie nach einundneunzig Tagen 800 Kilometer nördlich von Virginia. Die Küste war zu dieser Jahreszeit öde, der Winter lang und kalt. Zahlreiche Einwanderer fielen dem Hunger, der Kälte, den Seuchen zum Opfer. Die Männer fällten Bäume und bauten Blockhütten. Anfänglich lebten sie wie die Urchristen in Gütergemeinschaft; später erhielt jede Familie eigenes Land. Sie gaben sich strenge Regeln.

Weitere Schiffe landeten und brachten neue Scharen aus dem Mutterland in die 1630 gegründete Kolonie Massachusetts. Diesen indianischen Namen, der «Gegend der großen Hügel» bedeutete, hatten die Einwanderer beibehalten. Hier durften sich nur Puritaner ansiedeln – eine Beschränkung, die der junge Pfarrer Roger Williams verurteilte. Er erinnerte an die wechselnden Glaubensverfolgungen in England und stellte die Forderung, das religiöse Leben müsse von jedem staatlichen und kirchlichen Zwang befreit werden; ob Christ, Jude, Moslem oder Heide – kein Mensch dürfe gehindert werden, Gott auf seine Weise zu verehren. Das sah für die strengen Puritaner nach Gleichgültigkeit aus. Williams wurde vertrieben und irrte mitten in den Winterstürmen in den Wäldern umher, bis er bei einem Indianerstamm freundliche Aufnahme fand. Da lud er 1636 seine Anhänger unter den Siedlern ein, ihm zu folgen, und gründete einen neuen Staat, «Rhode Island», in dem das Ideal der Glaubensfreiheit verwirklicht wurde.

Viele Jahrzehnte blieben die Puritaner in Massachusetts unter sich. Der Zuzug Andersgläubiger wurde erst kurz vor Benjamin Franklins Geburt von der Kolonialverwaltung gestattet. Zuvor hatte es 1692 noch einmal eine heftige Attacke gegen die weniger strenggläubigen Christen gegeben: Ein eifernder Presbyterianer verfolgte die Andersgläubigen und ließ sie im Dorf Salem bei Boston öffentlich verbrennen. Noch heute beschäftigen sich die Historiker mit diesen «Hexenprozessen» in Massachusetts. Inzwischen steht fest, dass durch den englischen Gouverneur Sir W. Phips die Rechtsordnung zum Schutze der Angeklagten bereits im Mai 1692 eingeführt wurde. Haftbefehle, Anklageschriften, faire Verfahren und Urteile lösten die willkürlichen Verfolgungen ab.

Eine Gruppe Puritaner auf dem Weg zum Sonntagsgottesdienst, der damals den ganzen Tag dauerte und aus Predigt, Gesängen und Gesprächen über die Bibel bestand. Zum Schutz vor Indianerüberfällen gingen am Anfang und am Ende der Gruppe bewaffnete Männer.

Das wichtigste Anliegen der Puritaner war das Streben nach innerer Reinheit und die Pflege ihres Gemeinschaftslebens. In allen religiösen Angelegenheiten hatte jeweils der Gemeindeälteste (griechisch «Presbyter») das entscheidende Wort. Auch äußerlich liebten die Puritaner die Reinlichkeit. An den Sonntagen, wenn die Familien geschlossen zur Kirche gingen, wurde auf schlichte, aber gepflegte Kleidung geachtet. Auch Josiah Franklin wirkte in solch einer Glaubensgemeinschaft im Vorstand der Kirchengemeinde. Von ihm kauften die Menschen die so reichlich benötigte Seife.

An dieser Stelle wollen wir einen kurzen Blick in Josiahs Seifenwerkstatt werfen: Dort sehen wir etwas in einem großen Kessel unter starkem Schäumen kochen, Talg und Tran wird mit Natronlauge erhitzt. Dabei bleibt am Boden des Kessels ein «Seifenleim» übrig, der durch eine seitliche Öffnung in einen Bottich abgelassen wird. Unter Zusatz von Kochsalz härtet sich hier diese Masse aus, und es sondert sich dabei ein fester Seifenkern ab. In einem dritten Kessel wird diese Seifenkernmasse noch einmal erhitzt und dabei mit einem Sieb von Verunreinigungen befreit. Nach der Abkühlung entsteht durch Formen und Pressen die noch heute bekannte Kernseife. Statt tierischer Fette konnte auch Palm- und Leinöl verwendet werden. Durch Zusatz von Kräutern und wohlduftenden Ölen entstanden die feineren Seifen zur Körperpflege. Diese Art der Seifenherstellung hatte sich erst im 17. Jahrhundert als das einfachste Verfahren in England herausgebildet.

In einem weiteren Raum seiner Werkstatt stellte Josiah die Kerzen her. Damals gab es in Nordamerika noch keine Petroleumlampen, natürlich auch kein Gas- und elektrisches Licht. Kerzen waren es, die Licht in die Stuben brachten, wenn man es heller haben wollte, als Herdfeuer und Kienspäne es hergaben. So fanden auch Vater Franklins Kerzen ihre Abnehmer. Dennoch kam es immer wieder vor, dass die Einnahmen für die große Familie nicht ausreichten. In langen Gebeten wurde in Gegenwart der Kinder Hilfe vom Himmel erfleht. Die Puritaner hofften, durch eine einfache und gläubige Lebensführung der Gnade Gottes auch schon auf Erden teilhaftig zu werden. Und so konnte man die Mühen und Sorgen des Alltags erdulden.

In dieser Atmosphäre wuchsen auch die Kinder der Familie Franklin auf. Es war selbstverständlich, dass sie schon früh in der Werkstatt des Vaters mithalfen. Spielen und Lernen, Lernen und Arbeiten gingen ineinander über, wobei das Spielen den geringsten Anteil hatte. So verwundert es auch nicht, wenn Benjamin Franklin in seiner Autobiografie, die er später schrieb, nichts von dem berichtet, was Kinder heute in den ersten zehn Lebensjahren erleben können.

1714 war Benjamin acht Jahre alt. Mutter Abiah hatte geglaubt, dass Benjamin einmal Geistlicher werden sollte. Also durfte der Junge nun auf die Lateinschule gehen. Dorthin schickten auch

Die Lateinschule, die Benjamin Franklin besuchte.

die vornehmen Bostoner Familien ihre Söhne. Der Schulbesuch war nicht umsonst; die Eltern mussten ein gehöriges Schulgeld bezahlen, erhielten doch die Zöglinge Unterricht in Fächern, die es an anderen Schulen nicht gab. Benjamin sollte dort neben Latein und Geschichte in die Welt der Philosophie, Grammatik, Geometrie und der englischen Literatur eingeführt werden. Nun fand er kaum noch Zeit, mit anderen Jungen an den Buchten des Charles River zu spielen, er musste sich den ganzen Tag auf die Schule konzentrieren.

Der Lehrerberuf war damals wenig angesehen. Selten wurde er aus Begeisterung und Liebe ausgeübt. Benjamins Lateinlehrer war ein schmaler, blasser junger Engländer, der zwar viel von Latein und Grammatik, aber wenig Spaß verstand. Ungezogenheiten der Schüler wurden mit Stockschlägen bestraft. So herrschte im Klassenzimmer wenig Fröhlichkeit, und die Schüler hatten meist große Angst vor den Lehrern. Benjamin entzog sich den Attacken, indem er den Lehrern so gut zuhörte, dass sie mit ihm zufrieden

So etwa sah es in einer Schreib- und Rechenschule im 18. Jahrhundert aus.

waren. Nicht in allen Fächern war der Junge den Anforderungen gewachsen. Aber seine später so ausgeprägte Fähigkeit, seine Arbeitszeit gut zu nutzen, zeigte sich hier in ersten Anfängen. Durch seine große Aufmerksamkeit im Unterricht erledigte er rasch die Hausaufgaben; die dadurch gewonnene Zeit nutzte er, um Lücken in anderen Fächern auszugleichen. Sein Lerneifer war entfacht. So wurde er zur Freude seines Vaters schon nach wenigen Monaten in die zweite Klassenstufe versetzt.

Jeden Morgen ging Benjamin nun als einziges Kind der Familie Franklin in die Lateinschule. Ab und zu begegnete er auf dem Weg durch die Stadt einem seiner älteren Brüder, die als Lehrjungen oder Gesellen von morgens früh bis abends spät für ihren Vater oder einen Patron arbeiten mussten. Sie hatten alle eine kurze Schulzeit gehabt, meist nur lesen, schreiben und rechnen gelernt. Er aber hörte von den Helden der Griechen und Römer, denn die lateinischen Texte erzählten die alten Berichte und Geschichten der Antike. Sein Lehrer blühte sichtlich auf, wenn er die Verse rezitierte und mit großer Begeisterung die Namen, Schlachten und Heldentaten der Geschichte nannte. All das durfte Benjamin kennenlernen. Er nahm es tief in seinem Inneren auf. Damals ahnte er noch nicht, wie sehr er von dieser geistigen Nahrung, die ihm nur allzu bald entzogen werden sollte, einmal zehren würde. Schon im folgenden Jahr konnte Vater Franklin das Schulgeld nicht mehr aufbringen, und Benjamin musste die Lateinschule verlassen. Nun wurde er – wie seine Geschwister zuvor – auf die Schreib- und Rechenschule geschickt.

In der Schule von Mister George Brownell brachte er weniger Stunden zu, sodass wieder mehr Zeit blieb, mit den Kameraden zu spielen. Bei Mister Brownell übten sich die Schüler vor allem in einer sorgfältigen Handschrift. Aller Schriftverkehr – Briefe, Bestellungen, Rechnungen usw. – war mit der Hand zu schreiben; eine klare, schöne Schrift war daher von allergrößter Wichtigkeit.

In seinen freien Stunden hielt Benjamin sich gern am Hafen von Boston auf, wo das geschäftige Treiben den Jungen stundenlang fesseln konnte. Die großen Frachtschiffe wurden mit Holz, Fellen und Baumwollballen sowie dem für Europa noch unbekannten Maisgetreide beladen. Die einlaufenden Schiffe aus England, Frankreich und den Niederlanden brachten edle Stoffe, gediegene Möbel, verschiedene Werkzeuge und Waffen. Schiffe aus Südamerika und Indien kamen mit kostbaren Gewürzen, Kaffee und Tee. Benjamin hatte in Seeräuberromanen von «Captain John Smiths Abenteuern» gelesen. Diese vermischten sich in seiner Fantasie mit dem bunten Treiben im Hafen: Die fremden Seeleute aus den fernen Ländern, die auf ihrem Rücken die seltenen Waren ein- und ausluden, und das vielsprachige Stimmengewirr nahmen den Jungen ganz gefangen. Mit seinen Freunden ahmte er all das im Spiel nach. Es waren für die Jungen herrliche Stunden, die sie auf einem Kahn in einer Bucht verbrachten. Zu dieser Zeit konnte Benjamin schon schwimmen und rudern. Er hatte es sich selbst beigebracht, und die Kameraden sahen in ihm ihren Anführer.

Nach einem weiteren Jahr musste Benjamin die Schule end-

Benjamin lernt bei seinem Vater das Kerzenziehen.

gültig verlassen. Der Vater übernahm seine Ausbildung von nun an selbst. Auch brauchte er den Zehnjährigen in seiner Werkstatt.

Boston war 1716 mit seinen 8000 Einwohnern für damalige Verhältnisse eine große Stadt. Der Bedarf an Seife und Kerzen wuchs weiter an; auch die Siedler und Trapper im Hinterland benötigten diese Waren. Da gab es viel zu tun. Benjamins Arbeit war leicht, sie musste aber gewissenhaft und zuverlässig gemacht werden. Der Junge schnitt die Dochte zu, half die Gussformen der Kerzen mit heißem Wachs oder Talg zu füllen, bediente auch schon im Laden und trug gelegentlich die Waren aus. Das Kerzenziehen verlangte Konzentration, weil der richtige Zeitpunkt sowohl für das Einfüllen des heißen Wachses als auch für das Aushärten erfasst werden musste. So vergingen die beiden folgenden Jahre ohne Höhepunkt oder eine besondere Erinnerung.

Benjamin war jetzt zwölf Jahre alt, es war sein Herzenswunsch, in die Welt hinauszusegeln. Als Vater Franklin dies bemerkte, geriet er in Sorge, auch seinen jüngsten Sohn an die See zu verlieren.

Schon vor Jahren war der ältere Bruder Josiah von der Seefahrt nicht zurückgekehrt. So versuchte der Vater, Benjamins Interesse auf einen Handwerksberuf zu lenken. Er ging mit ihm in die verschiedenen Werkstätten. Doch gefiel Benjamin die Arbeit der Maurer, die in der Rathausnähe Steinhäuser hochzogen, ebenso wenig wie das Zuschlagen der Holzfässer durch die Böttcher am Hafen. Auch dem frühen Arbeitsbeginn des Bäckers konnte er nichts abgewinnen, und der Lärm beim Kupferschmied, der Teller, Schüsseln und Krüge formte und hämmerte, schreckte ihn ab. Wie er später erzählte, hatte das intensive Wahrnehmen der verschiedenen Berufe aber zur Folge, dass er als Erwachsener bei seinem eigenen Hausbau viele Arbeiten selber ausführte.

Schließlich entschied der Vater, sein zehnter Sohn solle Messerschmied werden, ein damals außerordentlich wichtiger und anerkannter Beruf. Doch auch dieser Plan scheiterte: Anders als heute erhielt ein Lehrling keinen Lohn, sondern musste für die Lehrzeit ein Lehrgeld zahlen, wurde er doch vom Meister in die Geheimnisse seiner Handwerkskunst eingeweiht. Über das Lehrgeld für Benjamin konnte man sich jedoch nicht einigen; die zuletzt geforderte Summe war für Vater Franklin zu hoch. So wurde Benjamin wenig später aus der Probezeit zurückgeholt. Wie sollte es nun weitergehen?

Dem Vater war aufgefallen, dass sein Jüngster wie keines seiner anderen Kinder gern und viel las. Oft zog sich Benjamin zurück, um in die Welt seiner Bücher einzutauchen. Von dieser Liebe zu Büchern war es kein großer Schritt zu dem Gedanken, diesen Sohn Buchdrucker werden zu lassen. So begann Benjamin Franklin 1718 in der Druckerei seines Bruders James eine Buchdruckerlehre.

Lehrling in Boston

Damals dauerte eine Lehrzeit üblicherweise sieben Jahre. Für den jetzt erst Zwölfjährigen hatte der Vater auf James' Verlangen eine Lehrzeit von neun Jahren vereinbart. Benjamin sollte bis zu seinem einundzwanzigsten Lebensjahr ohne Lohn in der Werkstatt arbeiten; erst für das letzte Jahr war eine Bezahlung vorgesehen. Selbstverständlich zog ein Lehrling, auch wenn er am gleichen Ort wohnte, in das Haus seines Lehrherrn, der damit die Verantwortung für dessen Erziehung übernahm.

Benjamin Franklin verließ sein Elternhaus in der Milkstreet und wohnte von nun an bei seinem um neun Jahre älteren Bruder. In dessen Druckerei wurde noch so gearbeitet, wie es seit der Erfindung der beweglichen Lettern durch Johannes Gutenberg im Jahre 1455 üblich war. Benjamin wurde vertraut gemacht mit den verschiedenen Schrifttypen, auch das exakte Zuschneiden des Papieres musste gründlich erlernt werden. Von frühmorgens bis spätabends stand der neue Lehrling an seinem Arbeitsplatz. Aus einem Setzkasten – unterteilt in die Buchstaben des Alphabets und die Satzzeichen – musste Benjamin nach der Textvorlage die Worte zusammensetzen. Dabei immer ein gleichmäßiges Zeilenende einzuhalten, war die besondere Kunst. Erschwert wird diese Arbeit dadurch, dass natürlich alles spiegelverkehrt ist. Bald entschloss sich der Bruder, den Jüngeren an die Handhabung der Druckerpresse heranzuführen. Es war erstaunlich, in welch kurzer Zeit und mit welchem Geschick der junge Lehrling sich in die Anforderungen des anspruchsvollen Berufes hineinfand.

Die Buchdruckerpresse des James Franklin

Die Arbeit eines Druckers war damals vielseitig, er musste nämlich auch für den Vertrieb und den Verkauf seiner Druckerzeugnisse und Bücher sorgen, was heutzutage in andere Berufe fällt. Sein Bruder James hatte sich vor seiner Niederlassung gründlich in London in seinem Beruf umgesehen. Er hatte von dort neue Schrifttypen mitgebracht, mit denen er schöner und klarer drucken konnte als die Konkurrenz, was ihm Druckaufträge von der Kolonialverwaltung einbrachte. So bekam Benjamin anfänglich Einblick in größere Zusammenhänge von Wirtschaft und Verwaltung einer Kolonie. Auch die Gespräche seines Bruders mit den Auftraggebern waren für ihn von besonderem Interesse. Und die Tatsache, dass James Franklin die *Boston-Gazette*, eine der beiden Kolonialzeitungen, zu drucken hatte, öffnete seinen Blick nach allen Richtungen.

In dieser Zeit drängte es Benjamin, selber etwas zu schreiben. Zuerst waren es zaghafte Versuche, dann wurden es Abenteuergeschichten nach dem Vorbild der früher gelesenen Seeräuberromane. Bald ergriff ihn auch eine Leidenschaft für die Dichtkunst.

Sein Bruder ermutigte ihn, in Versen zu dichten. So entstand zuerst die Ballade «Die Leuchtturm-Tragödie», in der der nasse Tod eines Kapitäns und seiner beiden Töchter höchst dramatisch geschildert wurde. Diese wie auch eine zweite Ballade fanden zur Freude des Bruders reißenden Absatz. Durch das spöttische Urteil seines Vaters war jener aufsprießenden Dichtkunst ein jähes Ende beschieden, und so wurde Benjamin vor weiteren Kitschproduktionen bewahrt.

Die Liebe zu den Büchern verband ihn mit dem gleichaltrigen John Collins, mit dem er in seiner knappen freien Zeit viel zusammen war. Eines Tages ereiferten sich die beiden Fünfzehnjährigen über die Frage, ob das weibliche Geschlecht in den Wissenschaften erzogen werden könne – ein Thema, das vor zweihundert Jahren auch in gebildeten Kreisen ernsthaft bewegt wurde. Die beiden jungen Burschen hatten natürlich keine wirklich eigene Meinung, sondern wechselten nur aus Lust am Streit die Worte. Collins vertrat die Ansicht, dass dies nicht möglich sei, dagegen behauptete Benjamin, dass Frauen sich sehr wohl in Wissenschaften bilden könnten. Doch musste er sich eingestehen, dass er Collins' Redegewandtheit und Argumentation nicht gewachsen war.

Nun schrieb Benjamin die in ihm aufsteigenden Gedanken zunächst für sich selbst nieder, dann sandte er sie Collins zu, der darauf einging und ihm antwortete. So entstand durch den Austausch der Briefe eine längere Abhandlung, die Vater Franklin zufällig in die Hände bekam. Dieser ging nicht auf den Streit der beiden Jünglinge ein, der ja ohne Lebenserfahrung und nur aus der Übernahme der Argumente von Erwachsenen geführt wurde. Der Vater war erfreut über die Sicherheit, mit der der Sohn inzwischen die Groß- und Kleinschreibung, die Kommaregeln und die Wahl der passenden Worte handhabte, eine Sicherheit, die der junge Autodidakt seinem neu erlernten Beruf verdankte. Doch bemängelte der Vater die fehlende Klarheit und Gewandtheit im Ausdruck. Die Erläuterungen und Ermahnungen seines von ihm so geschätzten Vaters fielen bei Benjamin auf fruchtbaren Boden: Mithilfe der Zeitschrift *Spectator* feilte er an seinem Stil. Dieses anspruchsvolle Blatt behandelte in einem brillanten Englisch Themen aus Politik, Wirtschaft, Kunst und Philosophie.

Er las die Artikel und fertigte knappe Zusammenfassungen von deren Inhalten an, um nach einigen Tagen das Gelesene im gleichen Stil niederzuschreiben. So machte er rasche Fortschritte in der angestrebten Richtung und bemerkte bald die Fruchtbarkeit dieser Lernmethode. Das Lernen aus eigener Bemühung wurde von nun an zum Prinzip seines Lebens.

In das Jahr 1722 fällt die Begegnung des jetzt sechzehnjährigen Franklin mit dem griechischen Philosophen Sokrates (470 – 399 v. Chr.). Den Zugang verschaffte ihm die Lektüre der «Erinnerungen an Sokrates» des antiken Schriftstellers Xenophon, ein Werk, das auch heute noch seine Leser findet. Sokrates' schlichte Lebensweise in Athen, seine klare Denkmethode und sein Gesprächsstil beeindruckten Benjamin so sehr, dass er begeistert begann, seinem historischen Vorbild nachzueifern. Xenophon (430 – 354 v. Chr.) beschreibt die Gesprächsführung des Sokrates so lebendig, dass der junge Franklin sich unmittelbar angesprochen fühlte. Sokrates konnte durch seine Art der Fragen den Gesprächspartner in Seelentiefen führen, aus denen dann Gedanken aufstiegen, die dieser vorher noch nie gedacht hatte. Benjamins Versuch, Sokrates' Methode nachzuahmen, führte aber zu wenig positiven Ergebnissen. Seine Art des Fragens verwirrte die Gesprächspartner, sodass sie ihm unterlegen schienen, was seiner Eitelkeit schmeichelte. Dies erkennend, verzichtete er auf das zweifelhafte Vergnügen, seine Verstandeskräfte auf Kosten anderer einzusetzen. Dem großen Philosophen und seinem Streben, nach dem Ursprung der Dinge zu forschen, blieb Franklin allerdings sein Leben lang verehrend verbunden.

Auch ein anderer Bereich seiner Lebensführung wurde durch ein Buch grundlegend verändert. Die dort beschriebenen Vorteile einer rein vegetarischen Ernährung überzeugten Benjamin;

so wollte er sich in Zukunft ernähren. Er begann nun, auf seinem Zimmer sich Reis, Kartoffeln, Getreidepudding, Grütze usw. zuzubereiten, und stellte zu seiner Überraschung fest, dass er sich wohler fühlte und seine Kräfte keineswegs abnahmen. Bis dahin wurde er zusammen mit seinem Lehrherrn und den anderen Mitarbeitern von der Nachbarin gegen Bezahlung verköstigt. Gerne stimmte Bruder James seinem Wunsch zu, ihm die Hälfte des sogenannten Kostgeldes auszuhändigen. Benjamin staunte, dass von dieser Summe immer noch Geld übrigblieb. So konnte er sich Bücher leisten, die er in seiner neu gestalteten Mittagspause las. Auf diese Weise schloss er weitere Lücken in seiner Bildung: Er übte sich im Rechnen mit *Cockers Rechenbuch*, in der Schifffahrtskunde und in Geometrie. Auch erwarb er eine englische Grammatik, die er durcharbeitete. Schon damals las er das Grundwerk des englischen Philosophen John Locke, *Vom menschlichen Verstande*. Fünfundsechzig Jahre später versuchte Benjamin Franklin bei der Formulierung der Verfassung der Vereinigten Staaten von Amerika, Lockes Grundideen der Gewaltenteilung zu verwirklichen.

Zu der Zeit, als Benjamin Franklin Lehrling war, erfuhr man Neuigkeiten vorwiegend auf den Märkten und in Wirtshäusern. In Neu-England gab es inzwischen zwei Zeitungen, und das erschien vielen Menschen als völlig ausreichend. In Boston war man ohnehin bevorzugt, da im Hafen Seeleute aus aller Welt eintrafen, die vieles zu erzählen wussten. Und wenn das, was sich beispielsweise in London ereignet hatte, mindestens sechs Wochen zurücklag, so war es doch für die Kolonisten neu. Es war also keineswegs sicher, dass eine weitere Zeitung Abnehmer finden würde. Die Freunde von James Franklin ermunterten diesen nämlich zu einem solchen Schritt, und so wurde im August 1721 *The New-England Courant* gegründet. Das Blatt erschien allerdings unregelmäßig; es mussten erst genügend Nachrichten, Anzeigen und Berichte zusammengekommen sein, um die wenigen Seiten zu füllen. Auch James' Freunde steuerten Artikel bei; man schrieb in einem lockeren Stil

Der junge Benjamin als Lehrling in der Druckerei seines Bruders.

und scheute sich nicht, offizielle Verlautbarungen der Kolonialverwaltung zu kritisieren. Das Blatt fand viel Zustimmung und schließlich seine Abnehmer.

Benjamin hörte häufig, wie der Bruder die Zeitungstexte mit den Freunden durchsprach, und es reizte ihn, da mitzumachen. Allerdings ahnte er, dass Artikel aus seiner Feder nicht angenommen würden. So schob er das von ihm Geschriebene nachts durch die Türspalte der Druckerei. Es schmeichelte ihm sehr, dass sein Manuskript gelobt und als gelungen bezeichnet wurde; als Autor wurde eine bekannte Bostoner Persönlichkeit vermutet. Nun erschien am 2. April 1722 der erste Zeitungsartikel von Benjamin Franklin, vorerst ohne Namensnennung.

Das Schreiben machte ihm Spaß. Weitere Beiträge, die den gleichen nächtlichen Weg durch die Türspalte gegangen waren, wurden in die Zeitung aufgenommen, was den jungen Autoren sehr befriedigte. Weniger befriedigend war für ihn, dass niemand dabei an ihn dachte, und so lüftete er eines Tages das Geheimnis. James' Freunde waren des Lobes voll und behandelten den jungen Mann nunmehr mit Respekt. Sein Bruder James aber war keineswegs erfreut; er fürchtete, dass sein Lehrling eitel werden könne und mit seinem aufkeimenden Selbstbewusstsein dann nicht mehr so leicht zu lenken sei. Doch blieb zunächst alles beim alten; Benjamin stand wie bisher für alle Arbeiten ohne Lohn zur Verfügung. Und keiner der Beteiligten ahnte, dass sich schon im folgenden Jahr alle Verhältnisse radikal ändern würden. Auch diese bevorstehenden dramatischen Ereignisse hingen mit der neuen Zeitung zusammen, die keineswegs nur Zustimmung fand.

Boston war die Hauptstadt der Kolonie Massachusetts. Dort tagte auch die Assembly, eine Versammlung gewählter Männer aus der Kolonie, die den englischen Gouverneur und die Kolonialverwaltung zu beraten hatten. Die Volksvertreter fühlten sich durch einen Artikel im *New-England Courant* vom 11.6.1722 verhöhnt und beklagten sich beim englischen Gouverneur. Der ließ den Herausgeber verhaften, um so diese oppositionelle Stimme

N° 35

THE New-England Courant.

From MONDAY March 26. to MONDAY April 2. 1722.

Honour's a Sacred Tye, the Law of Kings,
The Noble Mind's Distinguishing Perfection,
That aids and strengthens Vertue where it meets her,
And Imitates her Actions where she is not,
It ought not to be sported with ——— Cato.

To the Author of the New-England Courant.

SIR, *Sagadahock, March* 20.

HONOUR is a Word that Sounds big and makes a most ravishing Entrance into Men's Ears, while a Just and proper Notion of it, is mistaken by most, and the Rules and Measures of it, are comply'd with but by few.

Hence it comes to pass, that some who make a conspicuous Figure in the World, (thro' their Ignorance of this Noble Principle,) falsly imagine themselves to be treading in the Paths of Honour, while they are but greedily pursuing their Ambitious Designs, and Impatiently Gratifying their Lusts of Pride and Covetousness.

Honour indeed, according to the vulgar Notion of it, is nothing more than an empty Name. The Actions of many Men, speak their Sentiments of it; and render it Obvious, that they suppose it to consist only in Flattering Titles, and high Posts and Preferments, be they Acquir'd in the most Shameful and Dishonourable Ways. But how often do such Precipitate themselves into Open Shame? and when they fondly imagine they have grasp'd the Airy Phantom, and arriv'd to the utmost Pitch of Honour, Behold, it Vanishes into nothing, perishes even in the using, and leaves a lasting Brand of Infamy on their Memory.

Now seeing nothing is more pernicious, than a Principle of Action not rightly apprehended, it may not be improper, First, To hint at some Things, which have the Shadow and Appearance of Honour, but in reality are Infamous and Dishonourable; and Then, to give some brief Description of this Superior Principle.

With respect then to Posts of Honour and Honourary Titles, (and some Men have no other Idea of Honour than what results from such Empty Names as these,) it may be said in the Words of an Ingenious Writer, "But whatever Wealth "and Dignities Men may arrive at, they ought to consider, "that every one stands as a Blot in the Annals of his Coun- "try, who arrives at the Temple of Honour, by any other "Way than through that of Vertue". He that advanceth himself to Posts of Honour, by cursed Bribery, or sordid Flattery, or any other base and unworthy Arts, lays his Honour in the Dust, and Exposes himself to lasting Infamy and Reproach. It is also highly Dishonourable for a Man, when any particular Accomplishment is requisite to Qualify him for Preferment, to climb thereto by Sham Pretences, and meer Imposture. He that will thus Impose on the World, it is no Wonder, if he Act by *Secret Commissions*, and carry on Designs in the Dark that are ruinous to his Country, and Infamous to himself. But the true Reason why Men are guilty of such Actions is, Their Breasts were never once warm'd with one single Spark of true Honour.

It is also Dishonourable, for men to rise to Places of Honour, by Calumny and Detraction, or other sordid Arts, which their Envy, Ambition, or Avarice prompt them to Improve, the more easily to undermine and supplant others, who are perhaps more Righteous and worthy of Honour than themselves.

But above all, how vile and inglorious is it, for Men hotly to pursue Preferment with this Design and View, that they may Squeese and Oppress their Brethren; that they may Crush and Trample them in the Dust? How amazing is it, that Men who pretend to Reason and Religion, should thus Desire to Act the Tyrant and the Brute! May we not reasonably conclude of Such, that they never yet Entertain'd a Just Idea of true Honour. The Driving of such Men, is commonly like the Driving of the Son of *Nimshi*; and to such a high Degree of impetuosity, do their Passions sometimes swell, that the Man is Dismounted, looses the Reins, and is Dragg'd whither the fury of the Beast directs.

Men of Arbitrary Spirits, what wont they comply with? Through what Rules of Vertue and Humanity will they not break, that they may attain their Ends? Too many such there are, (says Mr *Dummer*, in his Defence of the N. E. Charters, pag. 42.) who are contented to be Saddled themselves, provided they may Ride others under the chief Rider.

Men of Tyrannical Principles, with what abhorrence are they to be Look'd on, by all who have any Sense of Honour? Such, it may be presum'd, had they Power equal to their Will, would soon, not only Sacrifice Honour, and Conscience, but even all Mankind, to their Voracious Appetites. They are to be Esteem'd, (as Dr *Cotton Mather* calls them) the Basest of Men. Such Sons of *Nimrod*, *Nero*, & old *Lewis*, are viler than the Earth they tread on; it groans under them as an Intolerable Plague, and insupportable Burthen. Tyranny and Honour, cannot Reign together in the same Breast.

And (to mention nothing more) it is very Dishonourable, for Men to make rash and hasty Promises, relating to any Thing Wherein the Interest of the Publick is nearly concern'd, and then to say, they will retain their Integrity forever, or till *Doomsday*, pretending it is for fear of violating their Word and Honour. The Talents, Interest, or Experience of such Men (says one) make them very often useful in all Parties, and at all Times. They Ridicule every Thing as Romantick, that comes in Competition with their present Interests; and treat those Persons as Visionaries, who dare stand up in a corrupt Age, for what has not its Immediate Reward annexed to it.

But let us now change the Scene, and see what true Honour is. And no doubt, the reverse of what has been said is truly Honourable. True HONOUR, (as a Learned Writer defines it) is the Report of Good and Vertuous Actions, issuing from the Conscience into the Discovery of the PEOPLE with whom we live, and which (by a Reflection on our selves) gives us the Testimony of what others believe concerning us, and to the Soul becomes a great Satisfaction. True Honour, (says another) tho' it be a different Principle from Religion, is that which Produces the same Effects. The Lines of Action, tho' drawn from different Parts, terminate in the same Point. Religion Embraces Vertue, as it is enjoin'd by the Laws of GOD; Honour as it is Graceful and Ornamental to Humane Nature. The Religious Man fears, the Man of Honour scorns to do an ill Action. A Noble Soul, would rather die, than commit an Action that should make his Children Blush, when he is in his Grave, and be look'd upon as a Reproach to those who shall live a Hundred Years after him.

In a Word, He is the Honourable Man, who is Influenc'd and Acted by a Publick Spirit, and fir'd with a Generous Love to Mankind in the worst of Times; Who lays aside his private Views, and foregoes his own Interest, when it comes in competition with the Publick: Who dare adhere to the Cause of Truth, and Manfully Defend the Liberties of his Country when boldly Invaded, and Labour to retrieve them when they are Lost. Yea, the Man of Honour, (when contracted sordid Spirits desert the Cause of Vertue and the Publick) will stand himself alone, and (like *Atlas*) bear up the Massy Weight on his Shoulders: And this he will do, in Spite of Livid Envy, Snakey Malice, and vile Detraction.

This is true Honour indeed: and the Man who thus Gloriously acquits himself, shall shine in the Records of Fame, with a peculiar Lustre: His Name shall be mention'd with Reverence in Future Ages, and all Posterity shall call him *Blessed*.

PHILANTHROPOS.

To the Author of the New-England Courant.

SIR,

IT may not be improper in the first Place to inform your Readers, that I intend once a Fortnight to present them, by the Help of this Paper, with a short Epistle, which I presume will add somewhat to their Entertainment.

And since it is observed, that the Generality of People, now a days, are unwilling either to commend or dispraise what they read, until they are in some measure informed who or what the Author of it is, whether he be *poor* or *rich*, *old* or *young*, a *Schollar* or a *Leather Apron Man*, &c. and give their Opinion of the Performance, according to the Knowledge which they have of the Author's Circumstances, it may not be amiss to begin with a short Account of my past Life and present Condition, that the Reader may not be at a Loss to judge whether or no my Lucubrations are worth his reading.

At the time of my Birth, my Parents were on Ship-board in their Way from *London* to *N. England*. My Entrance into this troublesome World was attended with the Death of my Father, a Misfortune

In dieser Ausgabe erschien der erste Artikel von Benjamin Franklin.

Diese Statue erinnert an den Auszug des jungen Benjamin Franklin aus seiner Heimatstadt Boston.

zum Schweigen zu bringen. Während der mehrwöchigen Haftzeit des Bruders übernahm Benjamin sämtliche Arbeiten zur Herausgabe der Zeitung.

Am 14. Januar 1723 erregten sich die Gemüter der konservativen Ratsherren der Assembly erneut an folgender Aussage im *Courant*: «Es gibt immer wieder Leute, die über die Maßen religiös zu sein scheinen, aber sie sind meistens viel schlimmer zu ertragen als jene, die keine Religiosität vortäuschen.» James wurde wieder in Haft gesetzt und ihm die Herausgabe der Zeitung untersagt. Doch die Freunde des *Courant* gaben nicht auf. Kurzerhand wurde Benjamin als Herausgeber benannt, hatte er doch seine Fähigkeit dazu bereits bewiesen. Um die Täuschung perfekt zu machen, wurde seine Lehrzeit im Februar für beendet erklärt. Im Grunde war James Franklin jedoch nicht bereit, auf Benjamin als billige Arbeitskraft zu verzichten. Er bestand auf einem neuen Lehrvertrag, der aber geheimgehalten werden sollte. So war Benjamin nach dem Willen seines Bruders gleichzeitig Herausgeber des Oppositionsblattes und Druckerlehrling. Wir können nachempfinden, wie in

Benjamin der Entschluss reifte, seinen Bruder zu verlassen, zumal er jahrelang unter dem Jähzorn von James, der auch vor Schlägen nicht zurückschreckte, gelitten hatte.

Benjamins Versuch, bei einer anderen Druckerei in Boston zu arbeiten, wusste der Bruder zu hintertreiben. Die nächste Druckerei war in New York, ungefähr 480 km südlich von Boston gelegen. Wollte er dorthin, konnte das nur heimlich geschehen, da sein Vater ihn auf jeden Fall in Boston halten wollte. Sein letztlich gefasster Entschluss, in New York sein Glück zu versuchen, war einem wochenlangen inneren Ringen entsprungen. Er liebte seine Eltern, seine Freunde und die Stadt, doch siegte in ihm der aufkeimende Freiheitsdrang. Der Freund John Collins besorgte ihm die Schiffskarte, und so sehen wir Benjamin Franklin am 25. September 1723 unerkannt seine Heimatstadt in Richtung New York verlassen.

Am 30. September 1723 erschien in *The New-England Courant* folgende Anzeige:

> «James Franklin, Drucker in der Queen-Street,
> sucht einen geeigneten Jungen als Lehrling.»

Erste Schritte in die Freiheit

New York war damals kleiner als Boston. Die Siedlung war 1614 von dem Holländer Peter Stuyvesant als Neu-Amsterdam gegründet worden. Hierher, an die Mündung des Hudson River, kamen viele Neuankömmlinge aus Europa und schufen eine Stadt nach ihrer heimatlichen Bauweise: kleine, enge Häuser, die dicht beieinander standen. Die Windmühlen auf den nahen Hügeln wiesen schon von Weitem auf die holländische Herkunft der Bewohner. Als 1664 die Engländer diese schöne Siedlung eroberten, wurde sie von ihnen kurzerhand in New York umbenannt.

Auch 1723 hatte New York noch keine Zeitung, und William Bradford war der einzige Drucker in der ganzen Stadt. Als Benjamin sich dort vorstellte, erfuhr er, dass Bradford keinen weiteren Gesellen brauchen konnte. Dieser gab ihm aber den Hinweis, dass sein Sohn Andrew in Philadelphia einen Mitarbeiter für seine Druckerei suche. Ahnte Benjamin Franklin, dass hier von seiner künftigen Heimat die Rede war? Auf jeden Fall machte er sich sofort auf den Weg nach Philadelphia!

In seinen Lebenserinnerungen nimmt diese verhältnismäßig kurze Reise von 180 Meilen einen breiten Raum ein, jedes Detail wird geschildert, um den krassen Unterschied hervorzuheben zwischen dem jungen, unbekannten Ankömmling und dem späterhin berühmtesten Einwohner dieser Stadt. Wir wollen hier dieser Reise von New York nach Philadelphia weniger Aufmerksamkeit schenken und lediglich festhalten, dass der Siebzehnjährige trotz der im Sturm zerfetzten Segel, der tagelang nass am Leibe kleben-

Ansicht von New York (1651) mit dem holländischen Fort auf der Insel Manhatten und den ersten Windmühlen.

den Kleider und trotz des ihn packenden Fiebers letztlich doch sein Ziel erreichte.

In Philadelphia wurde Benjamin Franklin freundlich empfangen. Als er die Druckerei von Andrew Bradford betrat, war er durchaus kein Unbekannter, da dessen Vater inzwischen auf dem kürzeren Landweg von New York hergeritten war und von dem jungen, aufgeweckten Fachmann aus Boston erzählt hatte. Allerdings hatte Andrew schon wieder einen Gesellen angenommen und konnte zur Zeit keinen weiteren brauchen; doch er wusste guten Rat. Gerade war eine zweite Druckerei in der Stadt eröffnet worden, und William Bradford übernahm es, Benjamin dort einzuführen. Der Inhaber, Samuel Keimer, ließ den jungen Mann einige Probearbeiten machen, mit denen er sehr zufrieden war, und so fand Benjamin Franklin seinen ersten Arbeitsplatz in Philadelphia. Die später auftauchenden Probleme waren aber bereits hier abzusehen: Sie bestanden weniger in der elenden Druckerpresse und dem abgenutzten Schrifttypensortiment, son-

Historische Ansicht von Philadelphia aus dem 18. Jahrhundert

dern vor allem darin, dass der junge Geselle wesentlich mehr von diesem Handwerk verstand als sein Brotherr.

Damals war es üblich, dass auch die Gesellen im Hause des Meisters wohnten. Keimer hatte aber keine Familie und keinen Haushalt und besorgte für Benjamin ein Zimmer im Hause des Schreinermeisters Read. Niemand ahnte, dass er nun mit seiner späteren Frau unter einem Dach wohnte, denn wenn er auch gern mit der jungen Deborah Read ein Scherzwort wechselte, lag es ihm doch völlig fern, dem Bedeutung beizumessen. Benjamin freute sich seiner Freiheit; hier hatte er keinen Vater, der ihn ermahnen, und keinen Bruder, der ihn herumkommandieren konnte. Auch wehte in dieser Stadt ein freierer Geist. Philadelphia war nicht wie Boston von strengen Presbyterianern gegründet worden, sondern von den duldsameren Quäkern. Auch sie hatten in England unter religiösen Verfolgungen zu leiden gehabt; ihre Ziele unterschieden sich von denen der Presbyterianer, doch lehnten auch sie die

Staatskirche ab. In ihrer Kolonie Pennsylvania, deren Hauptstadt Philadelphia war, durfte sich jedermann ansiedeln. So entwickelte sich die «Stadt der Bruderliebe» schon früh zu einem Schmelztiegel verschiedener europäischer Menschen und Kulturen, was sich auch in dem vielfältigen Baustil spiegelte.

1681 hatte der englische König Charles II. riesige Gebiete nördlich von Virginia William Penn, einem reichen Quäker in England, übereignet, bei dessen Familie der König hoch verschuldet war. Nach dem Willen des neuen Besitzers sollten hier in Pennsylvania («Wald des Penn») die Quäker einen ungefährdeten Siedlungsplatz finden, und so besiedelten sie rasch dieses von der Natur begünstigte Land. Die Quäker lebten friedlich in der «Gesellschaft der Freunde» und setzten alles daran, in der Nachfolge Christi keinerlei Gewalt anzuwenden. Für dieses Ideal nahmen sie Spott und Verfolgung auf sich. Aus dieser friedfertigen Grundhaltung wird auch verständlich, dass William Penn im folgenden Jahr

William Penn (1644 – 1718) kauft um 1682 den Indianern zur Besiedlung von Pennsylvania große Ländereien ab.

durch einen fairen Kaufvertrag mit den Indianerhäuptlingen weitere Ländereien erwarb. In dieser freilassenden Atmosphäre fühlte Benjamin sich wohl.

Was musste dem Schicksal nun einfallen, damit der zu Großem Berufene den nächsten notwendigen Schritt tat? Einen Schritt, der darin bestand, das Erreichte schon nach kurzer Zeit zu verlassen, um seinen Horizont ganz entschieden zu erweitern. Reiche Leute pflegten dazumal ihre Kinder zu solchem Zweck reisen zu lassen, und genau das tat auch der junge, unbemittelte Franklin. Wie kam es dazu? Die Ereignisse, die zu seinem eineinhalbjährigen Aufenthalt in London führten, waren so skurril, dass man – wie Franklin es in seiner Autobiografie tat – mit den Einzelheiten viele Seiten füllen könnte. Wir fassen kurz zusammen: Der Gouverneur von Pennsylvania, Sir William Keith, hatte den jungen Buchdrucker «zufällig» kennengelernt und mochte wohl von dessen Geistesgaben beeindruckt gewesen sein. Jedenfalls setzte er dem

Sir William Keith (1680 – 1749), Gouverneur von Pennsylvania

Achtzehnjährigen alle möglichen Flausen in den Kopf und riet ihm, eine eigene Druckerei zu gründen. Er versprach, ihn dabei in jeder Hinsicht zu unterstützen; Benjamin solle nach London reisen, um dort das Nötige zu beschaffen. Selbstverständlich war der junge Mann beeindruckt von der Zuwendung des hohen Herrn, dessen Unzuverlässigkeit ihm noch unbekannt war. Wer Sir William Keith kannte, wusste, dass er gern jedem etwas zu Gefallen tun wollte, und da er wenig zu geben hatte, gab er eben Versprechungen. So stand Benjamin Franklin am 24.12.1724 in London ohne Geld und ohne Freunde. Doch beherrschte er sein Handwerk und fand sofort Arbeit in der Druckerei von Samuel Palmer.

Franklin, nur an kleine, provinzielle Kolonialstädte gewöhnt, erlebte London während seines eineinhalbjährigen Aufenthaltes in seiner glänzendsten Periode.

Selbstverständlich war es nicht einfach, sich einzuleben. Doch sobald es sein Geldbeutel ermöglichte, besuchte er Opern- und

Theateraufführungen und versuchte, so viel wie möglich von der Millionenstadt kennenzulernen. Bei seiner aufgeschlossenen Wesensart ergaben sich mancherlei Bekanntschaften, die dann auch zu ausführlichen Gesprächen über Philosophie, Literatur, die Freimaurerei usw. führten.

London war damals die fortschrittlichste Stadt der Welt; hier bereitete sich die künftige Industrialisierung vor. So zog auch die arbeitslose Landbevölkerung in großen Scharen in die Metropole in der Hoffnung, dort in den Manufakturen Arbeit zu finden. In England hatte die Landwirtschaft an Bedeutung verloren, weil inzwischen aus dem riesigen Kolonialreich die Lebensmittel zu spottbilligen Preisen eingeführt wurden.

Nach einem Jahr wechselte Benjamin in die größere Druckerei J. Watt. Hier war die Setzerei von der Druckerei abgetrennt; man arbeitete auf verschiedenen Etagen. Die Fähigkeiten des neuen Mitarbeiters wurden von Watt rasch erkannt; Eilaufträge erledigte von nun an Benjamin, und er wurde dafür besonders gut bezahlt. Die englischen Kollegen staunten über den «amerikanischen Wassertrinker», der auf ihr angeblich «kraftspendendes» Starkbier verzichtete und im Gegensatz zu ihnen nicht einen, sondern gleichzeitig zwei Setzkästen in die Druckerei tragen konnte.

Auch die Schattenseiten einer Großstadt machten vor ihm nicht Halt; in seinen Erinnerungen ist die Rede von «dummen Liebeshändeln mit niedrigen Frauen». Zur gleichen Zeit finden wir im Tagebuch den Willen geäußert, künftig zu jeder Zeit die Wahrheit und von keinem Menschen schlecht zu sprechen, denn «Wahrheit und Aufrichtigkeit haben einen eigentümlichen Glanz an sich, der nicht vorgetäuscht werden kann».

Dass Benjamin Franklin in London für seine persönliche Entwicklung wichtige Schritte getan hatte, kann man klar erkennen. Als er sich auf die Heimreise vorbereitete, ahnte er natürlich nicht, dass er noch öfter in seinem Leben in London weilen würde. Ebenso unwahrscheinlich ist es, dass er mit seinen zwanzig Jahren die Bedeutung erkannte, die seine kurze, aber wohl intensive Begegnung mit jener Geistesströmung des modernen Europas hatte, die unter dem Begriff «Freimaurerbewegung» zusammengefasst wird.

Im England des 17. Jahrhunderts hatte sich eine neue Form der mittelalterlichen Ordensorganisation u.a. nach dem Vorbild des Tempelritterordens herausgebildet, und die Mitglieder des Freimaurerordens übten in allen Bereichen des Lebens – in Kultur, Politik, Kirche, Militär und Forschung – großen Einfluss aus. Sie trafen sich örtlich in sogenannten Logen, wo sie ihre geheim gehaltenen Rituale und Sitzungen nur unter Männern abhielten. Hier sollen auch viele Debatten geführt worden sein, deren Ergebnisse fast unmerklich in das gesellschaftliche Leben einflossen, waren doch häufig Adelige, Militärs und Kaufleute Mitglieder einer Loge. Auch die Wissenschaftlervereinigung der «Royal Society» wurde von ihnen 1660 in der Universitätsstadt Oxford gegründet. Um die vielen Logen in England und Schottland zusammenzufassen, riefen die Freimaurer am 24. Juni 1717 die Großloge von England ins Leben. 1724, als Benjamin Franklin in London ankam, gab es insgesamt zweiundfünfzig Logen, und viele damals bedeutende Männer waren Mitglieder in ihnen. Ziel der Freimaurer war es, nach den Prinzipien der Würde des Menschen zu handeln und sich für ihre allgemeine Anerkennung sowie die Vervollkommnung des Einzelnen einzusetzen. Dass sich daraus leicht Ziele für das persönliche Wohlergehen ableiten ließen, liegt auf der Hand. So überrascht es auch nicht, wenn im Laufe der Jahrhunderte die hohe Anerkennung der Freimaurer wegen des Eindrucks von Mauscheleien in Ablehnung umschlug.

Auf der Überfahrt von Philadelphia nach London hatte Franklin auch den Kaufmann Thomas Denham kennengelernt. Ob dieser als Quäker wirklich Mitglied einer Loge war, ist durch Dokumente nicht belegt, doch seine Lebenshaltung entsprach ganz der eines aktiven Freimaurers. So war sein Einfluss auf Benjamin enorm. Toleranz gegenüber Andersdenkenden, Streben nach individueller und gesellschaftlicher Freiheit, wohltätige Hilfe für die

Nächsten waren Ziele der Freimaurer, und in diesem Geist lebte Thomas Denham. Rasch entwickelte sich eine intensive Freundschaft zwischen den beiden. Hierbei lernte Benjamin von einem wesentlich älteren Freund entscheidende Dinge für sein Leben. So überrascht es nicht, dass sich in seinem «Lebensplan», den er während der langen, elfwöchigen Atlantiküberfahrt 1726 verfasste, vier Maximen für sein weiteres Leben wiederfinden, die auf die Geisteshaltung von Thomas Denham zurückzuführen sind: erstens «mich für einige Zeit ... einschränken, bis ich meine Schulden bezahlt habe», zweitens danach «trachten, zu jeder Zeit die Wahrheit zu sprechen», drittens «mich jedem Geschäft, das ich beginne, in Fleiß und Geduld zu widmen, denn das ist der sicherste Weg zu Reichtum», und viertens «von keinem Menschen schlecht zu reden».

Rückkehr nach Philadelphia

Jahrzehnte später sollte Benjamin Franklin in London eine große gesellschaftspolitische Aufgabe zu erfüllen haben. Jetzt war es offenbar mit dem Kennenlernen getan, denn trotz zweier ernst zu nehmender Arbeitsangebote verließ er diese Stadt wieder und kehrte zurück nach Philadelphia, das ihm nun zur Heimat wurde.

Der Anlass zur Rückreise ergab sich, als sein väterlicher Freund Thomas Denham beschloss, in Philadelphia einen Laden zu eröffnen. Der erfahrene Kaufmann brachte dem Jüngeren Zuneigung und Vertrauen entgegen, er bot ihm eine entsprechende Ausbildung und eine aussichtsreiche Mitarbeit an. Auf der Reise von Philadelphia nach London hatten sich die beiden kennengelernt und die an Bord geknüpfte Beziehung in der Zwischenzeit vertieft. Benjamin stimmte sofort zu, und so wurde die erneute Überquerung des Atlantik am 23. Juli 1726 angetreten.

In den folgenden Monaten lebten sie zusammen; väterlich-wohlwollend wurde der Neuling mit dem Kaufmannsberuf vertraut gemacht. Doch plötzlich starb Denham an einer schweren Erkrankung; das Geschäft wurde aufgelöst, und Benjamin kehrte schließlich im Frühjahr 1727 in das Buchdruckergewerbe zurück.

Der nun wieder vor dem Nichts stehende Einundzwanzigjährige hätte es sich gewiss nicht träumen lassen, dass er schon in Jahresfrist selbst eine Druckerei eröffnen würde. Zunächst war er damit zufrieden, wieder bei Samuel Keimer zu arbeiten. Allerdings wurde bald offenbar, dass Benjamin fünf Mitarbeiter anlernen sollte, die aus anderen Berufen zu Keimer gekommen

Philadelphia entwickelte sich zu der größten Stadt an der Ostküste und hatte 1769 bereits 28.000 Einwohner; sie war somit nach London die größte Stadt im britischen Weltreich.

waren, und dass er entlassen würde, sobald der Laden ohne ihn lief. Keimers Verhalten schwankte zwischen der Überheblichkeit eines unqualifizierten Arbeitgebers und einer falschen Freundlichkeit, sobald komplizierte Druckaufträge zu erledigen waren. Als es galt, für die Kolonie New Jersey Papiergeld zu drucken, hätte Keimer den Auftrag ohne seinen jungen Fachmann gar nicht ausführen können. Dieser entwarf die erste Kupferplattenpresse im Lande und stach geschmackvolle Ornamente für die Geldscheine, sodass die Herren der Kommission, die den Druck beaufsichtigten, sehr angetan waren. Sie unterhielten sich auch gern mit dem geschickten Drucker, sodass Keimer erneut Grund zur Eifersucht hatte.

Mit den Kollegen verstand Benjamin sich gut. Einer von ihnen, Hugh Meredith, schlug vor, dass sie beide sich selbstständig machen sollten. Sein Vater würde das Geld vorstrecken, und sie würden beide gleichberechtigte Partner sein, da Franklins Können ebenso hoch zu werten sei wie Merediths Geld. Der alte Meredith schätzte Benjamin auch deshalb, weil sein Sohn unter dem Einfluss des «Wassertrinkers» die Finger vom Branntwein ließ. So ging also eine Bestellung nach London, und nach einigen Monaten, zu Beginn des Jahres 1728, trafen die Typen und die Presse ein. Meredith und Franklin lösten ihre Verträge mit Keimer, mieteten ein Haus in der Marketstreet und eröffneten ihre Druckerei.

Nichts in der Geschichte Philadelphias gab Franklin ein Recht zu erwarten, dass das Druckereigewerbe ein Weg zum Wohlstand sein würde, zumal Andrew Bradford alle Regierungsaufträge zuflossen und er als Postmeister auf den Vertrieb einen unmittelbaren Einfluss nehmen konnte. Wie es Benjamin gelang, eine Hürde nach der anderen zu nehmen, wird noch zu schildern sein. Hier sei nur vorab erwähnt, dass Meredith nach zwei Jahren wieder in seinen alten Beruf, die Landwirtschaft, zurück wollte. Er bat Benjamin, ihm das Geld seines Vaters auszuzahlen, damit er in North Carolina Land kaufen könne, das dort billig zu haben war. Benjamin lieh von zwei Freunden das Nötige, und die Partnerschaft wurde im Juli 1730 in Frieden aufgelöst. Nach weiteren vier Jahren hatte der tüchtige junge Geschäftsmann sämtliche Schulden bezahlt und war nun mit sechsundzwanzig Jahren sein eigener Herr.

Jetzt war der Weg frei für die Verwirklichung der Ideen und Impulse, die seit der Rückkehr aus London in Benjamins Seele lebten.

Entwurf eines ersten Lebensplanes

Seit dem Beginn der Neuzeit, dem 15. Jahrhundert, mehrte sich die Zahl derer, die ihr Leben selbst gestalten wollten. Unter dem Druck der Traditionen wurde in den Menschen jede aufkeimende Eigeninitiative erstickt. Staat und Kirchen, Obrigkeiten vieler Art, die Zünfte und manches andere machten ihren Einfluss geltend. So waren es zunächst wenige, welche die Kraft hatten, eigene Impulse für ihre Lebensgestaltung zu entwickeln und sie dann auch zu verwirklichen. Solche Menschen wollten nicht nur ihr äußeres Leben selbst bestimmen, sondern sie hinterfragten ihre Beziehung zu sich selbst, zur Umwelt und zum Göttlichen.

So hatte der zwanzigjährige Benjamin Franklin schon auf seiner Rückreise von London in sein Tagebuch geschrieben: «Diejenigen, die über die Dichtkunst schreiben, lehren uns, dass, wer etwas Lesenswertes schreiben will, einen genauen Plan und Entwurf seiner Arbeit machen soll, sonst läuft er Gefahr, dass die Teile nicht zusammenpassen. Ich glaube, dass dasselbe für das Leben gilt.» Vier Grundsätze waren es, die er zunächst als Ziel notierte. Im Laufe der folgenden zwei Jahre wurde der Lebensplan in alle Richtungen erweitert, und der alte Benjamin Franklin befand im Rückblick auf sein Leben, dass er diesen Plan «bis in sein hohes Alter im Großen und Ganzen eingehalten habe».

Franklin impulsierte dieser Lebensplan ein Leben lang, er nahm ihn wohl ebenso ernst, wie es der junge deutsche Dichter Heinrich von Kleist 1799 als Zweiundzwanzigjähriger in einem Brief ganz entschieden für sich aussprach: «Ja, es ist mir unbegreiflich, wie ein Mensch ohne Lebensplan leben könne, und ich fühle, an der Sicherheit, mit welcher ich die Gegenwart benutze, an der Ruhe, mit welcher ich in die Zukunft blicke, so innig, welch ein unschätzbares Glück mir mein Lebensplan gewährt, und der Zustand, ohne Lebensplan, ohne feste Bestimmung, immer schwankend zwischen unsicheren Wünschen, immer im Widerspruch mit meinen Pflichten, ein Spiel des Zufalls, eine Puppe am Drahte des Schicksals – dieser unwürdige Zustand scheint mir so verächtlich, und würde mich so unglücklich machen, dass mir der Tod bei Weitem wünschenwerter wäre.»

In zwei Richtungen blickt Franklin: in seine Seele, in der er vieles schaut, was er ändern möchte, und zu seinem sehr persönlich erlebten Gott, an den er «Bittschrift und Dank» richtet. Dieses Ringen um das Wesentliche kann einen tief berühren, zumal auch er erfahren musste, dass die Arbeit an sich selbst mit vielen Rückschlägen verbunden ist. Seine Übungen zur Selbstvervollkommnung führte er mit jugendlicher Unbekümmertheit durch und schilderte freimütig, wie unendlich mühsam ein solches Unterfangen ist. Da hier die lichte Seite von Franklins Wesen besonders klar aufleuchtet, zitieren wir eine längere Passage aus seiner Autobiografie:

«Ungefähr um diese Zeit (1728) fasste ich den kühnen und ernsten Vorsatz, nach sittlicher Vervollkommnung zu streben. Ich wünschte leben zu können, ohne irgendeinen Fehler zu irgendeiner Zeit zu begehen; ich wünschte alles zu überwinden, wozu entweder natürliche Neigung, Gewohnheit oder Gesellschaft mich veranlassen könnten. Da ich wusste oder zu wissen glaubte, was recht und unrecht sei, so sah ich nicht ein, weshalb ich nicht immer das eine sollte tun und das andere lassen können. Ich fand jedoch bald, dass ich mir eine weit schwierigere Aufgabe gestellt, als ich mir eingebildet hatte. Während ich alle Sorgfalt aufbot, um mich vor dem einen Fehler zu hüten, wurde ich häufig von einem anderen überrascht; die Gewohnheit gewann die Übermacht über die Unachtsamkeit, und die Neigung war zuweilen stärker als die

Vernunft. Ich kam zuletzt zu dem Schluß, die bloße spekulative Überzeugung, dass es in unserem Interesse liege, vollkommen tugendhaft zu sein, reiche nicht hin, um uns vor dem Straucheln zu bewahren, und die gegenteiligen Gewohnheiten müssen gebrochen, gute dafür erworben und befestigt werden, ehe wir irgend Vertrauen auf eine stetige gleichförmige Rechtschaffenheit des Wandelns haben können. ...

So fasste ich denn unter dreizehn Namen von Tugenden alles das zusammen, was mir zu jener Zeit als notwendig oder wünschenswert einfiel, und verband mit jedem einen kurzen Lehrsatz, welcher die volle Ausdehnung ausdrückte, die ich seiner Bedeutung gebe. Die Namen der Tugenden samt ihren Vorschriften waren:

1. *Mäßigkeit.* – Iss nicht bis zum Stumpfsinn, trink nicht bis zur Berauschung!
2. *Schweigen.* – Sprich nur, was anderen oder dir selbst nützen kann; vermeide unbedeutende Unterhaltungen!
3. *Ordnung.* – Lass jedes Ding seine Stelle und jeden Teil deines Geschäfts seine Zeit haben!
4. *Entschlossenheit.* – Nimm dir vor, durchzuführen, was du musst; vollführe unfehlbar, was du dir vornimmst!
5. *Sparsamkeit.* – Mache keine Ausgabe, als um anderen oder dir selbst Gutes zu tun; das heißt, vergeude nichts!
6. *Fleiß.* – Verliere keine Zeit; sei immer mit etwas Nützlichem beschäftigt; entsage aller unnützen Tätigkeit!
7. *Aufrichtigkeit.* – Bediene dich keiner schädlichen Täuschung; denke unschuldig und gerecht, und wenn du sprichst, so sprich danach!
8. *Gerechtigkeit.* – Schade niemandem, indem du ihm unrecht tust oder die Wohltaten unterlässt, die deine Pflicht sind!
9. *Mäßigung.* – Vermeide Extreme; hüte dich, Beleidigungen so übel aufzunehmen, wie sie es nach deinem Dafürhalten verdienen!
10. *Reinlichkeit.* – Dulde keine Unsauberkeit am Körper, an Kleidern oder in der Wohnung!

11. Gemütsruhe. – Beunruhige dich nicht über Kleinigkeiten oder über gewöhnliche oder unvermeidliche Unglücksfälle!
12. Keuschheit. – Übe geschlechtlichen Umgang selten, nur um der Gesundheit oder der Nachkommenschaft willen, niemals bis zur Stumpfheit, Schwäche oder zur Schädigung deines eigenen oder fremden Seelenfriedens oder guten Rufes!
13. Demut. – Ahme Jesus und Sokrates nach!

Da es meine Absicht war, mir die Gewohnheit aller dieser Tugenden anzueignen, so hielt ich es für angemessen, meine Aufmerksamkeit nicht zu zersplittern, indem ich alles auf einmal versuchte, sondern mein Augenmerk immer nur auf eine von ihnen zu gleicher Zeit richtete, und dann erst, wenn ich mich zum Herrn derselben gemacht, zu einer andern fortzuschreiten und so fort, bis ich alle dreizehn durchgemacht haben würde. Da aber die vorherige Erwerbung einiger von diesen Tugenden auch die Erwerbung gewisser anderer erleichtern dürfte, so ordnete ich sie mit dieser Absicht in der Reihenfolge an, wie sie oben stehen. Die Mäßigkeit an der Spitze, da sie dazu dient, jene Kühle und Klarheit des Kopfes zu verschaffen, die so unerlässlich ist, wo man beständige Wachsamkeit beobachten und auf der Hut sein muss, gegen die unermüdliche Anziehungskraft alter Gewohnheiten und die Gewalt beständiger Versuchungen. Ist die Mäßigkeit erworben und gefestigt, so muss das Stillschweigen leichter sein. Nun ging aber mein Wunsch dahin, gleichzeitig mit der Zunahme an Tugend auch Kenntnisse zu erwerben, und in Anbetracht dessen, dass diese Kenntnisse im Gespräch leichter durch den Gebrauch des Ohres als der Zunge erworben werden, und weil ich daher mit einer Gewohnheit zu brechen wünschte, die ich angenommen hatte: nämlich zu schwatzen, zu witzeln und zu scherzen, was mich nur für unbedeutende Gesellschaft annehmbar machte, so räumte ich dem Schweigen die zweite Stelle ein. Ich erwartete, diese Tugend und die nächste, die Ordnung, würden mir mehr Zeit gestatten, um meinen Zielen und meinen Studien nachzugehen. Die

Mäßigkeit
Iss nicht bis zum Stumpfsinn,
trink nicht bis zur Berauschung

	S.	M.	D.	M.	D.	F.	S.
Mäßigkeit							
Schweigen	x	x		x		x	
Ordnung	xx	x	x		x	x	x
Entschlossenheit			x			x	
Sparsamkeit		x			x		
Fleiß			x				
Aufrichtigkeit							
Gerechtigkeit							
Mäßigung							
Reinlichkeit							
Gemütsruhe							
Keuschheit							
Demut							

Ein Übungsblatt des jungen Franklin aus seinem Lebensplan

Entschlossenheit, einmal zur Gewohnheit geworden, würde mich fest erhalten in meinen Bemühungen, alle die weiter folgenden Tugenden zu erringen; Sparsamkeit und Fleiß sollten mich von dem Rest meiner Schulden befreien, mir Wohlstand und Unabhängigkeit sichern und mir die Ausübung der Aufrichtigkeit und Gerechtigkeit usw. umso leichter machen. In der Annahme, dass, dem Rat des Pythagoras in seinen ‹Goldenen Versen› gemäß, eine tägliche Prüfung notwendig sein würde, ersann ich nachstehende Methode, um diese Prüfung durchzuführen:

Ich machte mir ein kleines Buch, worin ich jeder der Tugenden eine Seite anwies, linierte jede Seite mit roter Tinte, sodass sie sieben Felder, für jeden Tag der Woche eines, hatte und bezeichnete jedes Feld mit dem Anfangsbuchstaben des Tages. Diese Felder kreuzte ich mit dreizehn roten Querlinien und setzte an den Anfang jeder Linie die Anfangsbuchstaben von einer der Tugenden, um auf dieser Linie und in dem betreffenden Feld durch ein schwarzes Kreuzchen jeden Fehler vorzumerken, den ich mir, nach genauer Prüfung meinerseits, an jenem Tag hinsichtlich der betreffenden Tugend hatte zuschulden kommen lassen.

Ich nahm mir vor, auf jede dieser Tugenden der Reihe nach eine Woche lang genau achtzugeben. So ging in der ersten Woche mein hauptsächliches Augenmerk dahin, jeden auch noch so geringen Verstoß gegen die Mäßigkeit zu vermeiden, die anderen Tugenden ihrem gewöhnlichen Schicksal zu überlassen und nur jeden Abend die Fehltritte des Tages zu verzeichnen. Wenn ich daher auf diese Weise in der ersten Woche meine erste, mit M. bezeichnete Linie frei von schwarzen Punkten zu halten vermochte, so nahm ich an, die gewohnheitsmäßige Ausübung dieser Tugend sei so sehr gestärkt und ihr Gegenpart so sehr geschwächt, dass ich es wagen konnte, mein Augenmerk auf Mitbeachtung der nächsten auszudehnen und für die folgende Woche beide Linien frei von Kreuzen zu erhalten. Wenn ich auf diese Weise bis zur letzten fortschritt, konnte ich in dreizehn Wochen einen vollständigen Kurs und in einem Jahr vier Kurse durchmachen. Und wie derjenige, der das

Unkraut in einem Garten zu beseitigen hat, keinen Versuch macht, alle die schlechten Gewächse auf einmal zu entfernen, was über seine Kraft und Möglichkeit hinausgehen würde, sondern immer nur an einem der Beete auf einmal arbeitet und erst, nachdem er damit fertig geworden ist, ein zweites in Angriff nimmt, so hoffte ich das ermunternde Vergnügen zu haben, auf meinen Seiten den Fortschritt, den ich in der Tugend machte, dadurch ermitteln zu können, dass ich nach und nach meine Linien von ihren schwarzen Punkten befreite, bis ich am Ende nach einer Anzahl von Kursen so glücklich sein würde, nach einer täglichen Selbstprüfung von dreizehn Wochen ein reines Buch zu überblicken.»

Auch seine «Bittschrift und Dank» an den von ihm angesprochenen Vater-Gott ist bewegend. Hier spricht sich vieles von seinem Verhältnis zu den Mitmenschen und der Umwelt aus. Es würde zu weit führen, hier jede Einzelheit zu berichten, doch wollen wir zwei Gedanken zitieren: «Hilf mir, o Vater, dass ich mich fernhalte von Kritik, Verleumdung und ehrenrühriger Herabsetzung, dass ich vermeide und verabscheue Betrug und Neid, Unterschlagung und Schmeichelei, Hass und Bosheit, Lüge und Undankbarkeit! Und da Undankbarkeit eine der hassenswertesten Untugenden ist, lasse mich nicht vergessen, dankbar die Begünstigungen, die ich vom Himmel erhalte, anzuerkennen.»

Benjamin Franklin verriet sein Innenleben nicht, doch konnte es nicht ausbleiben, dass dieses Streben nach Vervollkommnung den schon früher erwähnten Glanz, der die Wahrhaftigkeit begleitet, auch ihn umgab. Und selbstverständlich wurde auch das äußere Leben davon beeinflusst: Die Mitbürger schätzten den jungen Drucker, und mit dem Unternehmen ging es rasch bergauf.

«Ein vollkommener Geschäftsmann ...»

Schon nach wenigen Jahren hatte der junge Druckereibesitzer sich Anerkennung und Respekt der Mitbürger von Philadelphia erworben. Tüchtigkeit, Klugheit und Fleiß, verbunden mit schneller und geschmackvoller Erledigung aller Druckaufträge, sicherten ihm das Wohlwollen seiner Umwelt. Hinzu kam, dass Benjamin Franklin auch insofern Klarheit in seine Verhältnisse gebracht hatte, als er, nach den verschiedensten Schicksalsumwegen, Deborah Read 1730 heiratete. Schon bald nach der Trauung in der Christ-Church erwuchsen Deborah Mutterpflichten. Sie übernahm völlig selbstlos die Pflege und Erziehung eines Neugeborenen aus einer verflossenen Liebe ihres Mannes. Dieser Sohn William wuchs bei ihr wie das eigene Kind auf. Zwei Jahre war es das einzige Kind, bis dem Ehepaar 1732 der Sohn Francis Folger geboren wurde; doch er starb schon nach vier Jahren an den Pocken. 1743 kam die Tochter Sarah auf die Welt, die als «Sally» ihrem Vater bis ins hohe Alter eine Stütze war.

Die Ehe stand unter einem glücklichen Stern und hielt ein Leben lang. Deborahs herzliche Art, ihre fröhliche, unermüdliche Schaffenskraft in allen praktischen Dingen wurde von Franklin als Segen für sein Leben empfunden. «Wir bemühten uns immer, einander glücklich zu machen», heißt es in den Lebenserinnerungen, und ganz offensichtlich wurde die Beziehung auch nicht dadurch getrübt, dass seine Frau nur mäßiges Interesse an Franklins literarischen und naturwissenschaftlichen Studien hatte. Der einzige erkennbare Streitpunkt scheint Deborahs «Verschwen-

Deborah Franklin (1708 – 1774)

dungssucht» gewesen zu sein, die der auf strengste Sparsamkeit bedachte Gatte missbilligte und die sich augenscheinlich vorwiegend darin zeigte, dass sie für ihren immer berühmter werdenden Gatten einen immer gediegener werdenden Haushalt anstrebte. Porzellangeschirr und Silberbesteck waren dazumal nichts für den Mittelstand; Deborah aber fand das angemessen. Und sein Widerstand schmolz dann auch mit der Zeit dahin und wandelte sich rückblickend in vergnügten Stolz über den gepflegten Haushalt. Aus dieser knappen Schilderung ist ersichtlich, dass wir nicht viel über Deborah Franklin wissen, und so muss es im Weiteren auch offen bleiben, welchen inneren Anteil diese Frau an Franklins Weg zum Ruhm hat.

Benjamim Franklin war gern mit Menschen zusammen. Und seine positive, lebensbejahende Ausstrahlung bewirkte, dass seine Gesellschaft viel gesucht wurde. Mit ihm konnte man sich über alles Interessante unterhalten: Philosophie, Religion und Moral waren Franklins innerste Anliegen, aber auch gesellschaftspolitische Fra-

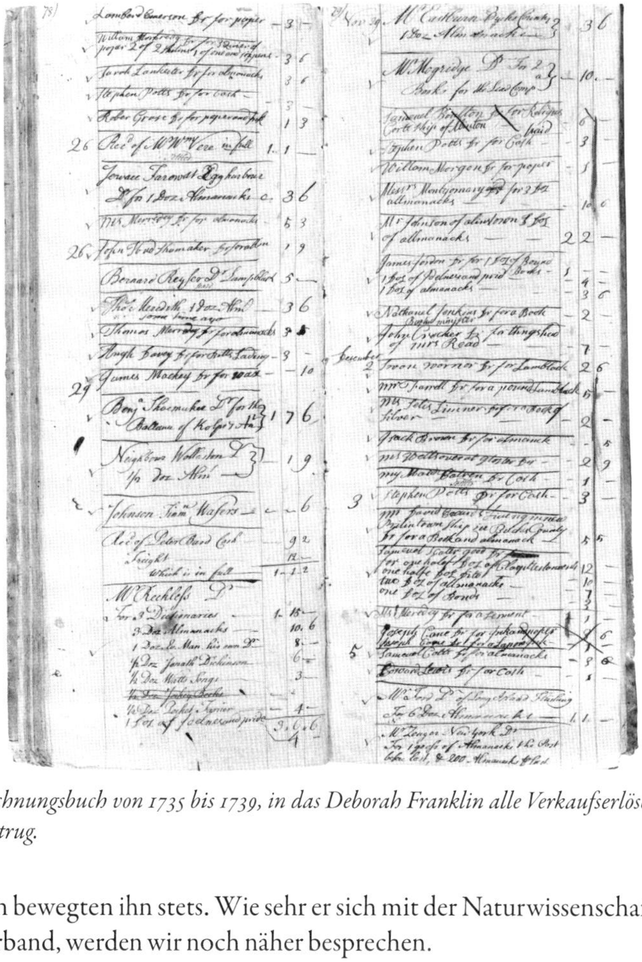

Rechnungsbuch von 1735 bis 1739, in das Deborah Franklin alle Verkaufserlöse eintrug.

gen bewegten ihn stets. Wie sehr er sich mit der Naturwissenschaft verband, werden wir noch näher besprechen.

So bildete sich schon bald um Benjamin ein Freundeskreis, den er zum «Club des guten Willens» zusammenfasste. Wie ernst es dem Begründer mit diesem «guten Willen» war, kann man einer Frage entnehmen, die unter anderem dem vorgelegt wurde, der neu in diesen Club aufgenommen werden sollte: «Erklären Sie aufrichtig, dass Sie das Menschengeschlecht an sich, ohne Rücksicht, von welcher Hautfarbe oder Religion jemand sei, lieben?» Auch

In einem solchen Raum trafen sich die Mitglieder der Junto.

innerhalb des Clubs ging man menschenwürdig miteinander um. Die Gespräche sollten nicht um des Redens oder Sich-Behauptens willen geführt werden, sondern der Wahrheitsforschung dienen. Eine rechthaberische Meinung und direkter Widerspruch waren verpönt. Franklin befruchtete das Leben des Clubs dreißig Jahre lang mit gleichbleibendem Interesse unter seiner stetigen Leitung.

«Junto» nannten die zwölf Mitglieder ihre Vereinigung, was soviel wie «Rat» bedeutet. Und diesem Namen entsprach auch die innere Gestaltung: Die Themen wurden nicht diskutiert, sondern sich gegenseitig belehrend, beratend besprochen. Außerdem beriet und half man sich auch untereinander in den äußeren Lebensfragen. Ein Raum war gemietet worden, und so traf man sich jeden Freitagabend. Eines der Anliegen war, durch gegenseitige Belehrung in Form von kurzen Referaten über ein selbstgewähltes Thema ihre Kenntnisse zu erweitern. Dabei ist zu bedenken, dass die Schulbildung für einfache Leute damals sehr begrenzt war und es auch eine Volkshochschule zur Erwachsenen-Weiterbildung noch nicht

In dieser Straße von Philadelphia befand sich auch die erste Leihbibliothek Nordamerikas, untergebracht in einem prächtigen Gebäude (zu sehen auf der linken Straßenseite im Hintergrund).

gab. Franklin hatte zwanzig Fragen ausgearbeitet, mit denen jedes Treffen eingeleitet wurde. Auch sie sind nur verständlich, wenn man bedenkt, dass es keinerlei Information gab, wenn man sie nicht suchte.

Die erste Frage lautete: Haben Sie bei dem Autor, den Sie zuletzt gelesen haben, irgendetwas Bemerkenswertes oder Passendes gefunden, das der «Junto» mitgeteilt werden sollte, besonders bezüglich Geschichte, Sitten, Dichtung, Physik, Reisen, mechanischer Errungenschaften oder anderer Zweige des Wissens?

Frage 10 lautete: Wen kennen Sie, der in Kürze auf eine Land- oder Seereise geht, durch den man Gelegenheit hat, eine Botschaft zu übermitteln?

Man wollte also lernen, helfen und natürlich gesellig beisammen sein. So floss der neuen Druckerei Franklin / Meredith aus diesem Kreis ein gewichtiger Auftrag zu: Es galt, die *Geschichte der Quäker*

Briefkasten der Bibliotheksgesellschaft. Hier hinein (in das Löwenmaul) konnte man Vorschläge für Buchanschaffungen werfen.

zu drucken. Benjamin stand über einen Monat lang von frühmorgens bis Mitternacht an der Presse und lieferte ein Buch, das seinen guten Ruf weiter verbreitete. Als er 1729 eine eigene Zeitung herausgab, war die Freitagsrunde der ideale Kreis, um seine Artikel vorzustellen. So konnte er die Wirkung auf die Leser schon vor dem öffentlichen Erscheinen abschätzen.

Der «Club des guten Willens» war es auch, der die erste Leihbibliothek auf dem amerikanischen Kontinent ins Leben rief, denn Franklin hatte vorgeschlagen, dass jedes Mitglied seine Bücher zur gegenseitigen Benutzung zur Verfügung stellen solle. Nach einem Jahr wurde dieser durch Franklin entwickelte Keim zu einer Subskriptionsbibliothek für alle interessierten Bürger der Stadt. Fünfzig Abonnenten zahlten einen Beitrag, ein Bibliothekar kümmerte sich um die Anschaffung und das Ausleihen der Bücher. Die Sache fand immer mehr Anklang und erweiterte sich ständig; der Junto-Raum war längst dafür zu klein geworden, und nach etlichen Umzügen fand sich die inzwischen repräsentative

«Bibliotheksgesellschaft» in einem Raum des Staatshauses von Philadelphia. So war der Freitagabend für Benjamin Franklin lange Zeit der anregendste Termin der Woche und dieser Menschenkreis das Zentrum seiner gesellschaftlichen Verbindungen.

In dieser Zeit nahm Benjamin Franklin auch wieder Kontakt zu jener Strömung auf, mit der er in London in Berührung gekommen war, den Freimaurern. So wurde er 1731 in Philadelphia Mitglied der Loge «Saint Joan». Schon bald – 1732 – schlug er vor, die Statuten der Loge, also ihre Regeln, zu drucken. Nach weiteren drei Jahren stand er der Loge als ihr Großmeister vor. Bis heute hat sich der Einfluss der Logen in den USA erhalten, und bei einem Besuch zum «Tag der offenen Tür» kann man in Philadelphia die sonst gut verschlossenen Beratungszimmer im «Tempel» besichtigen und hinter Glasschränken Protokollbände sehen, in denen die Sitzungsprotokolle – unter anderem auch von den Unterredungen mit Benjamin Franklin und dem späteren Präsidenten George Washington – wiederzufinden sind.

Es war und blieb Benjamin Franklin ein Bedürfnis, seine völlig eigenständige Art, die Welt und das Leben anzusehen und zu beurteilen, schriftlich darzustellen. Seine Ideen sprudelten ihm förmlich in die Feder, besonders zu der Frage, wie das menschliche Zusammenleben sinnvoller zu gestalten sei.

So war es naheliegend und erwies sich auch als außerordentlich fruchtbar für Philadelphia, eine eigene Zeitung herauszugeben. Mit folgenden Worten stellte er 1729 seine neue *Pennsylvania Gazette* vor: «Viele haben sich lange danach gesehnt, eine gute Zeitung in Pennsylvania zu finden, und wir hoffen, dass die Herren, die dazu in der Lage sind, zur Entstehung einer solchen Zeitung beitragen werden. Wir bitten um Unterstützung, weil wir uns völlig darüber im Klaren sind, dass die Veröffentlichung einer guten Zeitung kein so einfaches Unterfangen ist, wie es viele Leute zu glauben scheinen. Der Autor einer Zeitung sollte (aus der Sicht des Gelehrten) umfassende Sprachkenntnisse aufweisen, mit großer Leichtigkeit und Beherrschung schreiben, klar und ordentlich berichten können, kurz gesagt, er sollte fähig sein, über Krieg – an Land als auch auf Wasser – zu berichten, er sollte mit der Geografie gut vertraut sein, mit der zeitgenössischen Geschichte, mit den verschiedenen Interessen von Prinzen und Staaten, den Geheimnissen von Höfen und den Sitten und Gebräuchen aller Nationen. Männer, die diese Eigenschaften erfüllen, sind sehr selten in diesem entlegenen Teil der Welt. Es wäre gut, wenn der Verfasser dieser Zeitungen in seinen Freunden das wiederfindet, was ihm fehlt.

Alles in allem können wir der Öffentlichkeit versichern, soweit die Unterstützung, auf die wir treffen, es uns möglich macht, keine Mühe zu scheuen, die *Pennsylvania Gazette* als Unterhaltung so angenehm und nützlich wie möglich zu machen, soweit es in der Natur der Sache liegt.»

Die Zeitung wurde rasch durch ihre lebendige und humorvolle Darstellung beliebt und durch die mutigen politischen Artikel über die Kolonie Pennsylvania hinaus bekannt. Aus seiner warmen Menschlichkeit heraus erreichte Franklin die Herzen der Leser; auch konnte er mit seinen abgewogenen Äußerungen für und gegen eine Sache zur Urteilsbildung verhelfen. Allerdings schreckte er auch vor einer drastischen Ausdrucksweise nicht zurück und ließ in seinen Artikeln an Eindeutigkeit nichts zu wünschen übrig.

Die Einwanderer aus Europa hatten es satt, von Königen, Fürsten, Bischöfen und Landesherren bevormundet zu werden; freie Meinungsäußerung war das Salz der politischen und wissenschaftlichen Auseinandersetzungen der Neuzeit. Dieses Zeichen der Zeit hatte Benjamin Franklin erkannt und gründete 1732 die erste deutschsprachige Zeitung im Hinblick auf die vielen deutschstämmigen Einwanderer, die hierin die Freimütigkeit der Äußerungen fanden, nach denen es sie drängte.

Und noch ein weiteres schriftstellerisches Feld erschloss sich der rührige Autor: Damals waren Almanache die Unterhaltungslektüre des Volkes. Richtige Bücher wurden seinerzeit nur in Europa gedruckt und waren für die meisten Menschen in Amerika viel zu

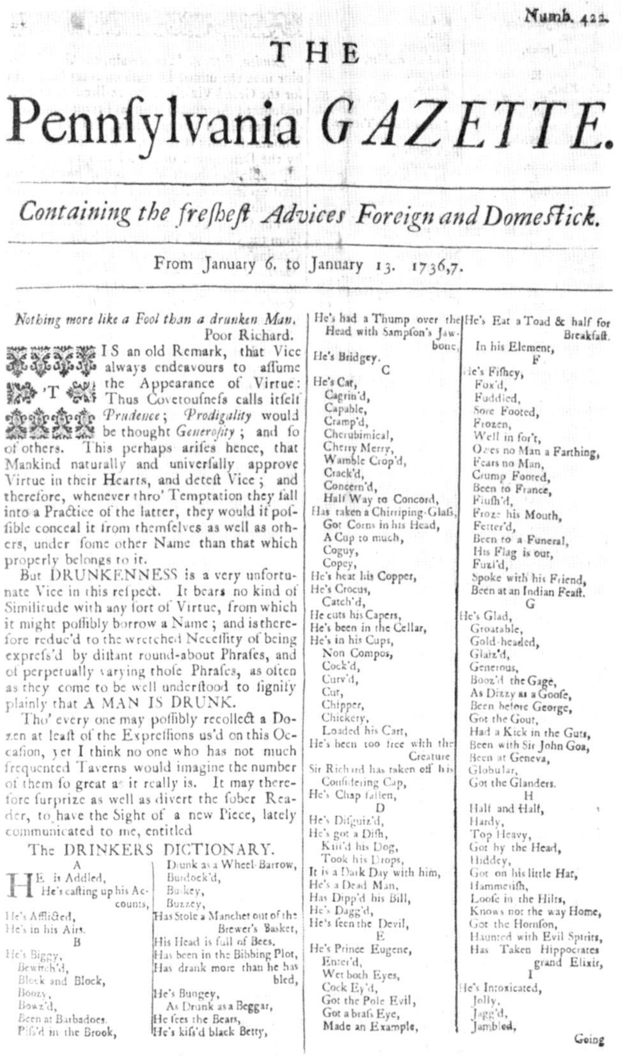

Numb. 422.

THE Pennſylvania GAZETTE.

Containing the freſheſt Advices Foreign and Domeſtick.

From January 6. to January 13. 1736,7.

Nothing more like a Fool than a drunken Man.
Poor Richard.

'TIS an old Remark, that Vice always endeavours to aſſume the Appearance of Virtue: Thus Covetouſneſs calls itſelf *Prudence*; *Prodigality* would be thought *Generoſity*; and ſo of others. This perhaps ariſes hence, that Mankind naturally and univerſally approve Virtue in their Hearts, and deteſt Vice; and therefore, whenever thro' Temptation they fall into a Practice of the latter, they would if poſſible conceal it from themſelves as well as others, under ſome other Name than that which properly belongs to it.

But DRUNKENNESS is a very unfortunate Vice in this reſpect. It bears no kind of Similitude with any ſort of Virtue, from which it might poſſibly borrow a Name; and is therefore reduc'd to the wretched Neceſſity of being expreſs'd by diſtant round-about Phraſes, and of perpetually varying thoſe Phraſes, as often as they come to be well underſtood to ſignify plainly that A MAN IS DRUNK.

Tho' every one may poſſibly recollect a Dozen at leaſt of the Expreſſions us'd on this Occaſion, yet I think no one who has not much frequented Taverns would imagine the number of them ſo great as it really is. It may therefore ſurprize as well as divert the ſober Reader, to have the Sight of a new Piece, lately communicated to me, entitled

The DRINKERS DICTIONARY.

A

HE is Addled,
He's caſting up his Accounts,
He's Afflicted,
He's in his Airs.

B

He's Biggy,
Bewitch'd,
Block and Block,
Boozy,
Bowz'd,
Been at Barbadoes.
Piſs'd in the Brook,
Drunk as a Wheel-Barrow,
Burdock'd,
Buskey,
Buzzey,
Has Stole a Manchet out of the Brewer's Basket,
His Head is full of Bees.
Has been in the Bibbing Plot,
Has drank more than he has bled,
He's Bungey,
As Drunk as a Beggar,
He ſees the Bears,
He's kiſs'd black Betty,
He's had a Thump over the Head with Sampſon's Jawbone,
He's Bridgey.

C

He's Cat,
Cagrin'd,
Capable,
Cramp'd,
Cherubimical,
Cherry Merry,
Wamble Crop'd,
Crack'd,
Concern'd,
Half Way to Concord,
Has taken a Chirriping-Glaſs,
Got Corns in his Head,
A Cup to much,
Coguy,
Copey,
He's heat his Copper,
He's Crocus,
Catch'd,
He cuts his Capers,
He's been in the Cellar,
He's in his Cups,
Non Compos,
Cock'd,
Curv'd,
Cut,
Chipper,
Chickery,
Loaded his Cart,
He's been too free with the Creature
Sir Richard has taken off his Conſidering Cap,
He's Chap fallen,

D

He's Diſguiz'd,
He's got a Diſh,
Kill'd his Dog,
Took his Drops,
It is a Dark Day with him,
He's a Dead Man,
Has Dipp'd his Bill,
He's Dagg'd,
He's ſeen the Devil,

E

He's Prince Eugene,
Enter'd,
Wet both Eyes,
Cock Ey'd,
Got the Pole Evil,
Got a braſs Eye,
Made an Example,
He's Eat a Toad & half for Breakfaſt.
In his Element,

F

He's Fiſhey,
Fox'd,
Fuddled,
Sore Footed,
Frozen,
Well in for't,
Owes no Man a Farthing,
Fears no Man,
Crump Footed,
Been to France,
Fluſh'd,
Froze his Mouth,
Fetter'd,
Been to a Funeral,
His Flag is out,
Fuzl'd,
Spoke with his Friend,
Been at an Indian Feaſt.

G

He's Glad,
Groatable,
Gold-headed,
Glaiz'd,
Generous,
Booz'd the Gage,
As Dizzy as a Gooſe,
Been before George,
Got the Gout,
Had a Kick in the Guts,
Been with Sir John Goa,
Been at Geneva,
Globular,
Got the Glanders.

H

Half and Half,
Hardy,
Top Heavy,
Got by the Head,
Hiddey,
Got on his little Hat,
Hammeriſh,
Looſe in the Hilts,
Knows not the way Home,
Got the Hornſon,
Haunted with Evil Spirits,
Has Taken Hippocrates grand Elixir,

I

He's Intoxicated,
Jolly,
Jagg'd,
Jambled,

Going

Eine Ausgabe der von Franklin gedruckten und herausgegebenen «Pennsylvania Gazette»

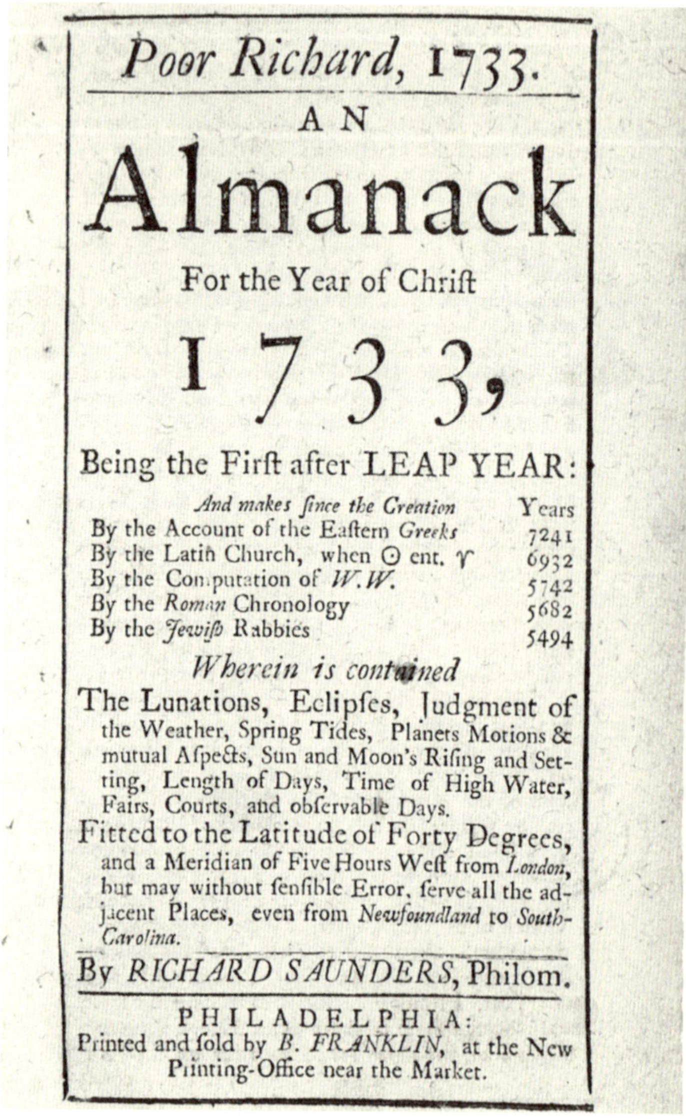

Poor Richard, 1733.

AN

Almanack

For the Year of Chriſt

1733,

Being the Firſt after LEAP YEAR:

And makes ſince the Creation	Years
By the Account of the Eaſtern *Greeks*	7241
By the Latin Church, when ☉ ent. ♈	6932
By the Computation of *W. W.*	5742
By the *Roman* Chronology	5682
By the *Jewiſh* Rabbies	5494

Wherein is contained

The Lunations, Eclipſes, Judgment of the Weather, Spring Tides, Planets Motions & mutual Aſpects, Sun and Moon's Riſing and Setting, Length of Days, Time of High Water, Fairs, Courts, and obſervable Days.

Fitted to the Latitude of Forty Degrees, and a Meridian of Five Hours Weſt from *London*, but may without ſenſible Error, ſerve all the adjacent Places, even from *Newfoundland* to *South-Carolina*.

By *RICHARD SAUNDERS*, Philom.

PHILADELPHIA:
Printed and ſold by *B. FRANKLIN*, at the New Printing-Office near the Market.

So schlicht sah der später so berühmte Almanach aus. Benjamin Franklin verfasste die Artikel unter dem Pseudonym «Richard Saunders».

Viele Lebensweisheiten fasste Franklin in eingängigen Sprichworten zusammen, so auch die hier abgedruckten.

teuer. Die jedes Jahr neu erscheinenden Almanache dienten als Kalender, brachten Anregungen für den Farmer über die Saatfolge usw., äußerten Wettervorhersagen, lieferten Kochrezepte – und dazwischen hatten dann auch noch Scherze und Gedichte ihren Platz. Ab 1733 gab Benjamin Franklin einen eigenen Almanach heraus, der sich über Jahrzehnte einer ungebrochenen Beliebtheit erfreute und die damals erstaunliche Auflagenzahl von 10.000 Exemplaren pro Jahr erreichte. *The poor Richard*, wie Franklin das Heft nannte, fand sich sozusagen in jedem Haushalt, und dieser «Arme Richard» war es dann auch, der den Wohlstand seines Herausgebers begründete. Denn selbstverständlich brachen sich auch hier neue Ideen ihre Bahn: Amüsante Kurzgeschichten gesellten sich zu erbaulichen Erzählungen für die Festtage, und aus der Welt der Literatur, der Philosophie und der Moral flossen Jahr für Jahr neue Gedanken aus Franklins Feder.

Wie Benjamin Franklin von seiner Umwelt erlebt wurde,

schildert Goethe in *Dichtung und Wahrheit*: «Ein vollkommener Geschäftsmann spricht zum Volk. Immer ist er über seinen Gegenstand erhaben und weiß eine heitere Ansicht des Ernstesten zu geben; bald hinter dieser, bald hinter jener Maske halb versteckt, bald in eigener Sache sprechend, immer vollständig und erschöpfend, dabei immer froh, mehr oder weniger ironisch, durchaus tüchtig, rechtschaffen und wohlmeinend, ja, manchmal derb und heftig, und dies alles so abgemessen, dass man gleich den Geist, den Verstand, die Leichtigkeit, Gewandtheit, den Geschmack und Charakter des Schriftstellers bewundern muss.»

Benjamin Franklin wurde oft als Erzieher der Menschheit bezeichnet oder auch als Altmeister der Pädagogik. Und tatsächlich ist in den meisten seiner Schriften eine erzieherische Absicht enthalten, die man einem Menschen auch wohl zubilligen kann, der zeitlebens vor allem an seiner Selbsterziehung, seiner eigenen Charakterbildung gearbeitet hat. Auch diese beiden Themen «Erziehung» und «Selbsterziehung» fanden selbstverständlich Eingang in den «Armen Richard».

Seine Lebensweisheiten fasste Franklin häufig in Sprichworte, die von Witz und prägnanter Darstellungsgabe zeugen. In seinem berühmten Essay «Der Weg zum Wohlstand» gibt Franklin augenzwinkernd eines seiner Erfolgsrezepte preis: «Die Abgaben, ihr lieben Freunde, sind in der Tat sehr drückend. Wenn wir keine anderen zu bestreiten hätten als die, welche die Regierung uns auferlegt, ließe es sich noch ertragen. Aber zweimal so hoch werden wir durch unsere Trägheit, dreimal so hoch durch unseren Stolz und viermal so hoch durch unsere Torheit besteuert.»

Dass bei Benjamin Franklin selbst zumindest von Trägheit keine Rede sein konnte, beweist sein diszipliniert und rhythmisch gestalteter Tageslauf, der morgens um 5 Uhr begann und eineinhalb Stunden vor Mitternacht endete. In dieser Zeit wurde viel, sehr viel geleistet, und dennoch blieb immer noch Raum für das, was ihm das Wesentliche war: die Hinwendung zu Gott, zur Welt und zu den Mitmenschen.

Der Morgen:	—	Stehe auf, wasche mich, bete zum All-
Frage:	5	mächtigen. Richte mir das Geschäft
Was werde ich	6	des Tages ein und fasse die Entschlüsse
heute Gutes tun?	7	für denselben, setze das jeweilige
	—	Studium fort und frühstücke.
	8	
	9	Arbeite.
	10	
	11	
	—	
Der Mittag:	12	Lese oder überlese meine Geschäfts-
	1	bücher, esse zu Mittag.
	—	
	2	Arbeite.
	3	
	4	
	5	
	—	
Der Abend:	6	Bringe alle Dinge wieder an ihren
Frage:	7	Platz. Nehme das Abendbrot ein.
Was habe ich	8	Unterhalte mich mit Musik, Gespräch
heute Gutes	9	und Zerstreuung. Prüfe den verlebten
getan?	—	Tag.
	10	
Die Nacht:	11	Schlafe.
	12	
	1	
	2	
	3	
	4	
	—	

Die Aufzeichnungen Franklins über seinen Tageslauf.

«Der junge Weltverbesserer ... »

Mit den Jahren war Benjamin Franklin zu einer Persönlichkeit herangereift, welche viele von den Aufgaben ergreifen konnte, die sich aus einem städtischen Gemeinwesen des 18. Jahrhunderts ergaben. Mit dreißig Jahren war er zum Protokollanten der Assembly gewählt worden, und ein Jahr darauf bot ihm der englische Generalpostmeister die Stelle als sein Stellvertreter in Pennsylvania an. Diese Aufgabe erfüllte Franklin sechzehn Jahre lang mit solcher Gewissenhaftigkeit und wirtschaftlichem Geschick, dass die Post in Pennsylvania erstmalig Gewinne zu verzeichnen hatte, die allerdings nach London abzuführen waren.

Seit seinen Jugendjahren lebte in Franklin ein Wille, die vorgefundene Welt wahrzunehmen, zu verstehen und gegebenenfalls zu verändern, und sein wacher Geist fand vieles, was zu verändern oder eben zu erfinden war. In dieser Richtung folgte von 1736 bis 1753 eine Tat der anderen. Um die Initiativen von Benjamin Franklin würdigen zu können, muss man sich jedoch klarmachen, dass es beispielsweise so etwas wie eine Feuerwehr und eine Feuerversicherung eben noch nicht gab! Und das bei dicht aneinandergedrängt stehenden Häusern, die vorwiegend aus Holz bestanden und in denen sich zumeist offene Feuerstellen befanden. Was lag für ihn also näher, als die Menschen aufzurufen, sich die Brandgefahren klarzumachen, vorsorgliche Löschübungen durchzuführen und eine Feuerversicherung zu gründen. Die positiven Folgen dieser Bemühungen weckten das größte Vertrauen der Menschen zu Benjamin Franklin.

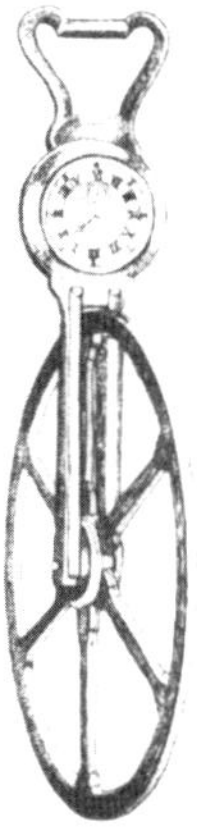 

Mit diesem Entfernungsmessgerät (links) maß Franklin für die Post die Routen und legte danach die Gebühren fest.

Da Franklins Feuerversicherung auf gegenseitiger Hilfeleistung beruhte, wählte er diese Plakette (rechts) als Erkennungszeichen.

Es kam in dieser Zeit häufig vor, dass ganze Stadtteile einem Brand zum Opfer fielen, und so können wir Franklins stolze Aussage besser verstehen, dass seitdem in Philadelphia «niemals mehr als zwei Häuser abbrannten».

Franklin hatte keine Universität besucht, 1749 aber eine gegründet: die «Akademie von Philadelphia». Er, der selber kaum eine Schulbildung genossen hatte, förderte das Bildungswesen nachhaltig und erlangte später weltweit höchste Auszeichnungen berühmter Universitäten. Auch für den Aufbau eines «Hospitals für jedermann» setzte er sich ein, indem er sowohl bei Privatpersonen als auch über die Volksvertreter Gelder zu beschaffen wusste.

Gewiss störte es auch viele andere Bürger, dass sich sogar die Hauptstraßen bei jedem Regen in Schlammwüsten verwandelten. Franklin kam nun auf die Idee, die Straßen in Philadelphia pflastern zu lassen, was von seinen Nachbarn aufgegriffen und für die Marketstreet verwirklicht wurde. Dieses Vorbild setzte sich

Das Hospital, das durch Unterstützung Franklins eröffnet werden konnte.

dann in der Stadt rasch durch. Auch waren die Straßen nachts unbeleuchtet, was Franklin Anlass gab, dies zu ändern. Um die nächtliche Sicherheit war es ebenfalls nicht gut bestellt; man musste damit rechnen, in die Hände dunkler Gestalten zu fallen. Franklin organisierte die Nachtwache neu und bildete eine Bürgerwehr gegen Räuberbanden. – Alle diese Einrichtungen bewährten sich, und so wurde der Satz «Go to Franklin» zu einer feststehenden Redewendung, wenn Probleme sich zeigten.

In dieser Zeit hat Benjamin Franklin unbewusst jenen Satz geprägt hat, der eigentlich als Motto über seinem ganzen Leben stehen könnte. 1750 schrieb er in einem Brief seiner Mutter in Boston: Er hoffe, dass es nach seinem Tod einmal von ihm heißen werde, er habe «in seinem Leben Nützliches vollbracht». Nützlich zu sein bedeutete für ihn, sich stets für die Allgemeinheit einzusetzen, ihr von Nutzen sein zu können, also anderen Menschen zu dienen, ihnen das Leben zu erleichtern und es zu bereichern. So entwickelte sich bei Franklin ein Wesenszug, selbstlos seine Ideen der Allge-

Dieser Stuhl konnte in eine Trittleiter verwandelt werden, indem man den Sitz umklappte.

meinheit zur Verfügung zu stellen. Diese Haltung führte später beispielsweise auch in Deutschland zu seiner großen Verehrung. Es ließen sich noch viele weitere bis heute bewährte praktische Erfindungen von Franklin zeigen, u.a. der Stuhl, den man durch Umklappen der Sitzfläche zur Leiter umfunktionieren kann, oder der heute noch in vielen Schulräumen anzutreffende Stuhl mit einem Klappholztisch zum Auflegen der Schreibmaterialien.

Auch seine Haltung zum Eigentum wurde schon früh deutlich, als er einmal feststellte, es sei für den Ruf eines Menschen besser, wenn es auf seinem Grabstein einmal hieße: «Er lebte ein gemeinnütziges Leben» als «Er starb reich».

Im Laufe seines Lebens bildete Benjamin Franklin seine Einstellung, durch vorbildliches Tun auf seine Umgebung zu wirken, zu einer gewissen Vollkommenheit aus. Ohne großes Aufsehen wirkte er einfach durch seine Lebenshaltung und bemühte sich, möglichst aus dem Verborgenen heraus zu helfen. Selbstlos stellte er seine Fähigkeiten und Geistesgaben der Allgemeinheit zur Ver-

Die Marketstreet in Philadelphia war eine der ersten Straßen, die auf Anweisung Franklins gepflastert wurde. Auch die Straßenlaternen entwarf er.

fügung. Wer suchte, konnte in seinen schriftlichen Werken eine Vielfalt lebenspraktischer Gedanken finden, etwa die Einsicht: «Es gibt zwei Wege, um glücklich zu sein: wir verringern unsere Wünsche oder vergrößern unsere Mittel. Wenn du weise bist, wirst du beides gleichzeitig tun.» So wird heute noch in den USA Benjamin Franklins Leben, besonders durch Lektüren in den Schulen und in zahllosen Schulheften, als Beispiel für den *american dream* – den «amerikanischen Traum» – ausführlich und reich bebildert dargestellt; es steht repräsentativ für den Glauben, dass jeder Mensch durch harte Arbeit und eigenen Willen sich weiterentwickeln, sein Leben verbessern und gesellschaftlich aufsteigen kann. Franklins Wirkung ist weiterhin in vielen Lebensbereichen sichtbar. Wir finden sein Porträt heute auch auf jeder 100-Dollar-Note. Und Millionen von Besuchern haben im «National Historical Park» in Philadelphia Benjamin Franklin als lebensgroßer Bronzefigur gleich im Eingangsbereich des Museums die Hand zum Gruß gehalten; sie ist dadurch stets blank geblieben.

«Der neue Prometheus»

Goethe hebt 1827 in einem Gespräch mit seinem Sekretär J. P. Eckermann hervor, dass er kurz vor der Erfindung des Blitzableiters geboren sei. Tatsächlich stellte diese Erfindung einen Einschnitt in die Naturwissenschaft und ihre Geschichte dar, einen Einschnitt auch in die Bewusstseinsgeschichte der Menschheit. Vielen Menschen auf der ganzen Welt ist der Name Benjamin Franklins nur durch diese Erfindung vertraut, die er als naturwissenschaftlicher Laie gemacht hatte. Daher sollen die verschlungenen Wege zur Entdeckung des Blitzableiters hier näher geschildert werden.

Die erste Begegnung mit den Erscheinungen der Elektrizität hatte Franklin Ende 1746 bei einem Besuch seiner Heimatstadt Boston. Dort zeigte ein Dr. Spence elektrische Experimente mit Gerätschaften, die er aus Schottland mitgebracht hatte. Auch wenn die Experimente nicht immer gelangen, faszinierte Franklin doch die neue Welt der Elektrizität so sehr, dass er sich in den nächsten Jahren in seiner freien Zeit intensiv mit ihr befasste. Der Reiz, den Geheimnissen und fantastischen Erscheinungen dieser unsichtbaren Welt auf die Spur zu kommen, führte ihn zu einem ernsthaften, eigenständigen Studium. Wir dürfen vermuten, dass Franklin dort in Boston Experimente von der Art sah, wie sie im Januar 1746 der Holländer Pieter van Musschenbroeck in der Universitätsstadt Leyden durchgeführt hatte, der dafür eine innen und außen mit Stanniol belegte wassergefüllte Glasflasche benutzte. Diese Flasche enthielt einen Metallstab, der durch den Flaschenhals ragte und am oberen Ende mit einem runden Metallknauf

Mit solchen «Leydener Flaschen» experimentierte Benjamin Franklin.

versehen war. Wenn dieses Gerät elektrisch geladen wurde, was mit Hilfe einer Elektrisiermaschine geschah, erhielt man einen kräftigen elektrischen Schlag, sobald man den Knauf berührte.

Nach Philadelphia zurückgekehrt, befasste Franklin sich mit der «Leydener Flasche». Wie tief dieser nur auf seinen gesunden Menschenverstand bauende Laie in die Erscheinungen der Elektrizität vorstieß, zeigen seine schon nach drei Monaten notierten Gedanken über zwei damals grundlegend neue Erkenntnisse, die bis heute unverändert Gültigkeit haben:

1. Der elektrische Strom stellt einen dynamischen Prozess dar.
2. die Bezeichnung von «positiv» und «negativ» oder «plus» und «minus» für Glas- und Harzelektrizität.

Die Ausarbeitung dieser Grundlagen nahm er ein Jahr später auf, nachdem er sich aus seinem Druckereibetrieb zurückgezogen hatte. Nun begann Benjamin Franklin, selber zu experimentieren.

Er bediente sich zur Erzeugung von Elektrizität einer Glasröhre aus England, die ein Mitglied des berühmten Londoner Wissen-

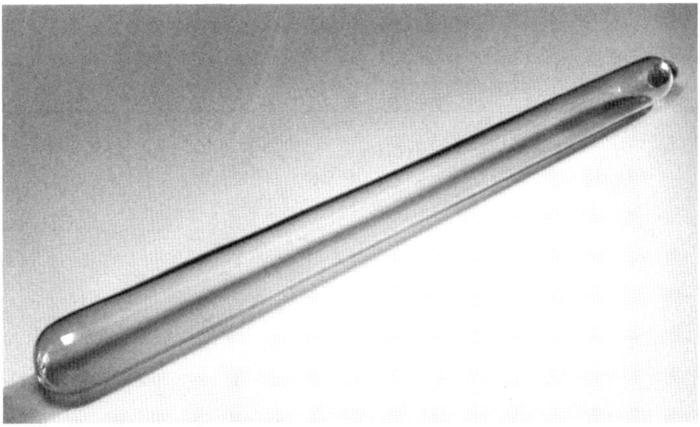

Eine Glasröhre zur Erzeugung von Elektrizität.

schaftler-Clubs «Royal Society» mit nach Philadelphia geschickt hatte. Die dünne Röhre wurde mit einem Wolltuch gerieben und zeigte dann die Eigenschaft, kleine Gegenstände wie z.B. Papierschnitzel anzuziehen. Damals war es noch nicht allgemein bekannt, dass durch Reibung Elektrizität erzeugt wird. Wie unzählige Male in seinem Leben verbesserte Franklin das Gegebene und ließ durch einen ihm bekannten Glasbläser ein besseres Gerät zur Elektrisierung bauen. Häufig schauten Neugierige ihm bei seinen Experimenten zu. Um diesem breiten Interesse gerecht zu werden, ließ er weitere Röhren herstellen, die dann seine Freunde erhielten, um ihrerseits Experimente vorzuführen. Einer von ihnen war dabei so geschickt, dass er auf Franklins Anregung hin ein ganzes Vorstellungsprogramm entwickelte und von Stadt zu Stadt zog, um es gegen Bezahlung vorzuführen. Davon konnte der Freund sogar gut leben.

Benjamin Franklin stellte damals fest, dass die Elektrizität ein «Element ist, das sich in anderen Stoffen verbreitet und von ihnen angezogen wird». Es gab für ihn zwei Arten von Elektrizität: Die eine ist in Gegenständen, welche «mit elektrischem Feuer überladen» sind, die andere ist in solchen, die «unter-laden» sind.

Die neu entwickelte Elektrisiermaschine von 1747.

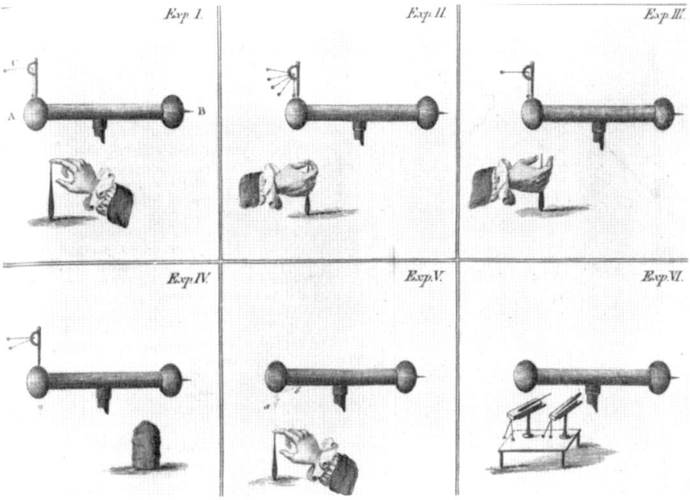

Zeichnungen zu einem Experiment mit Elektrizität.

Damit hatte er rein aus der beschriebenen Beobachtung die Grundtatsache der «positiven» und «negativen» elektrischen Ladung exakt erfasst. Hinzu kam seine Feststellung, dass ein überspringender Funke den Ausgleich zwischen den beiden «elektrischen Feuern» herstellt. Damit hatte er bereits die Grundlage der späteren Elektronenphysik, wie sie dann um 1900 entwickelt wurde, beschrieben.

Dem Spender der englischen Glasröhre, Peter Collinson, fühlte sich Benjamin Franklin dankbar verpflichtet. In Briefen berichtete er ihm ab April 1749 über seine Experimente und Überlegungen. Diese Briefe wurden dann in London in den Sitzungen der Royal Society verlesen und zu den Akten gelegt. Da zudem in die Royal Society nur Männer mit Rang und Namen aus der Wissenschaft aufgenommen wurden, konnten die Ausführungen eines völlig unbekannten Buchdruckers aus den Kolonien ja wohl nichts Aufregendes beinhalten. Außerdem glaubte man in London, die Experimente zur Genüge zu kennen. Allerdings hatten die gelehrten Herren in ihrer Überheblichkeit Franklins exakte Beobachtungen und seine Vorschläge für weitere Experimente ignoriert. Collinson war über ein solches Verhalten empört und übergab im Mai 1750 Franklins Briefe dem Herausgeber der angesehenen Zeitschrift *Gentleman's Magazine* zur Veröffentlichung; jedoch erfasste in England kein Leser die Genialität der Darstellungen über die vermutete Tatsache, dass im Blitz elektrischer Strom sei. Um dies zu beweisen, schlug Franklin folgendes Experiment vor:

«Da ist jedoch etwas an den Experimenten mit Spitzen, die das elektrische Feuer aussenden oder anziehen, was noch nicht völlig erklärt worden ist und was ich in meinen nächsten Experimenten zu ergänzen beabsichtige. Denn die Lehre von den Spitzen ist sehr sonderbar, und ihre Wirkungen sind wahrhaftig wundervoll; und meine Beobachtungen bei Experimenten lassen mich vermuten, dass Häuser, Schiffe und selbst Türme und Kirchen vor den Einschlägen des Blitzes durch ihre Vermittlung wirkungsvoll gesichert werden können; anstelle der runden Holz- oder Metallkugeln, die gewöhnlich an die Enden von Wetterhähnen, Fahnen, Kirchenspindeln, Türmen oder Mastbäumen gesetzt werden, sollte eine Eisenstange acht oder zehn Fuß in Länge sein, allmählich zu einer Spitze gefeilt wie eine Nadel und vergoldet, um das Verrosten zu verhindern; noch besser wäre eine Anzahl von Spitzen. Das elektrische Feuer würde dann, glaube ich, stillschweigend aus einer Wolke gezogen werden, bevor es nahe genug kommen würde, einzuschlagen; und ein Licht würde an der Spitze gesehen werden, wie das Sankt-Elmsfeuer der Matrosen. Dies mag absonderlich erscheinen, aber lassen wir es gegenwärtig dabei bewenden, bis ich die Experimente in ihrer Gesamtheit sende.»

Er fuhr fort: «Um die Frage zu entscheiden, ob die Wolken, die den Blitz enthalten, mit Elektrizität geladen sind oder nicht, würde ich ein Experiment vorschlagen, das versucht werden soll, wo das ohne Schwierigkeit geschehen kann. Auf die Spitze irgendeines Turmes oder Kirchendaches stelle man eine Art von Schilderhaus, groß genug, einen Mann und ein elektrisches Gestell (einen Isolator) zu enthalten. In der Mitte des Gestelles befestige man eine eiserne, am Ende scharf zugespitzte Stange, die so gebogen ist, dass sie durch die Tür durchgeht und dann zwanzig oder dreißig Fuß aufrecht steht. Wenn das isolierende Gestell rein und trocken gehalten wird, könnte ein Mann, der darauf steht, wenn solche Wolken niedrig vorüberziehen, elektrisch geladen werden und Funken hervorsprühen, da die Stange aus einer Wolke Feuer für ihn anzieht. Wenn irgendeine Gefahr befürchtet werden sollte (obwohl ich glaube, dass keine dabei ist), lasse man ihn auf dem Boden dieser Kiste stehen und hie und da eine Drahtschlinge in die Nähe der Stange bringen. Das eine Ende der Schlinge muss an Blei befestigt sein, und er muss sie bei einem Wachsgriff halten. Wenn die Stange mit Elektrizität geladen ist, werden die Funken von der Stange in den Draht gehen und ihn nicht berühren.»

Auch dieser Brief erschien in der Zeitschrift und hatte zur Folge, dass nun ein Wissenschaftler Benjamin Franklins Gedanken aufgriff. Dr. John Fothergill fasste 1751 Franklins Aufsätze zu einer Broschüre zusammen mit dem Titel *Experimente und Beobachtungen über Elektrizität, zu Philadelphia in Amerika gemacht*. Diese Broschüre, von der Franklin nichts ahnte, kam in einer schlechten französischen Übersetzung zu Beginn des Jahres 1752 nach Paris. Dort wurde sie von drei Wissenschaftlern – Buffon, D'Alibard, de Lor – am Hofe König Ludwigs XV. gründlich studiert. Schließlich führten sie im Mai 1752 das von dem unbekannten Amerikaner vorgeschlagene Experiment durch. D'Alibard war der erste, der sich an das Experiment wagte. In einem Garten in Marly, sechs Meilen vor Paris, stellte er eine zwölf Meter lange Eisenstange auf, die mit einer Messingspitze versehen war. Als Isolation zur Erde hin dienten ihm Weinflaschen, über die er ein Brett legte, auf dem die Stange stand. Am Nachmittag des 10. Mai 1752 zogen plötzlich Gewitterwolken auf. Es gelang D'Alibards unerschrockenem Gehilfen Coiffier und dem hinzugeeilten Dorfpfarrer Raulet im Beisein einiger Dorfbewohner, während des vorbeiziehenden Gewitters elektrische Funken von nahezu 4 cm Länge aus der Eisenstange in eine Leydener Flasche abzuleiten. Drei Tage später erstattete

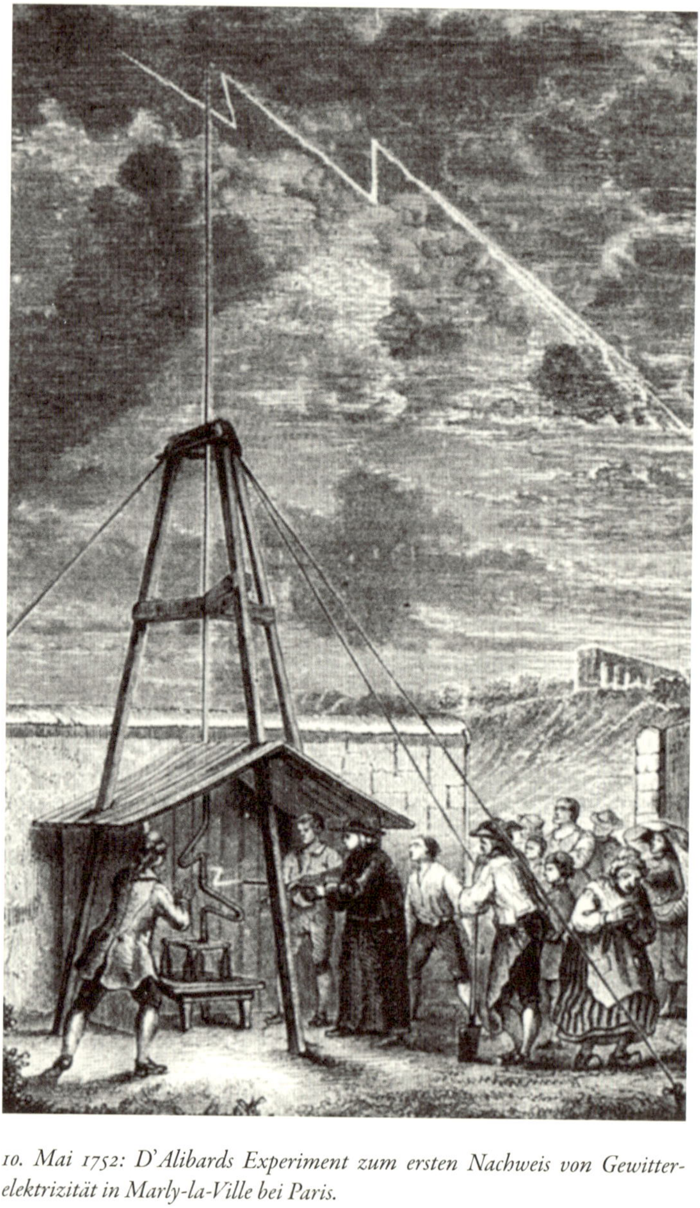

10. Mai 1752: D'Alibards Experiment zum ersten Nachweis von Gewitterelektrizität in Marly-la-Ville bei Paris.

D'Alibard seinen Bericht an die «Academie Royale des Sciences» in Paris. Das Verfahren befolgend, das Franklin vorgeschlagen hatte, war er zu einem unbestreitbaren Beweis gelangt. Am 18. Mai wurde das Experiment von de Lor in Paris erfolgreich wiederholt, womit die Grundlage gelegt war, aus dem «unbekannten Amerikaner» einen weltberühmten Forscher zu machen, der nach wie vor keine Ahnung von diesen Geschehnissen hatte.

Auch der französische König besichtigte die «Philadelphischen Experimente» und war sehr beeindruckt. Durch seinen Abbé Mazeas setzte er die Royal Society in London von den Erfolgen in Kenntnis, was dort weiterhin ignoriert wurde. Andernorts in England wie auch in Belgien wurden Franklins Theorien aber ebenfalls bestätigt, und so war Benjamin Franklin in Europa berühmt, noch bevor er selbst in Amerika davon etwas erfuhr.

Diese Forschungsergebnisse führten zunächst in Europa zur Anerkennung der Elektrizitätslehre als Wissenschaft. Erst drei Jahre nach seinem Brief an Peter Collison kam Franklin dazu, sich im Sommer 1752 wieder seinen Studien über die Elektrizität zuzuwenden. Von den in Paris gelungenen Experimenten wusste er ja nichts, und er ging nun daran, seine im Juli 1750 formulierte Frage, ob die Wolken, die den Blitz enthalten, mit Elektrizität geladen seien, zu beantworten. Doch hielt er sich keineswegs an seine frühere Versuchsanordnung, sondern einer plötzlichen Idee folgend ließ er an einem Sommertag vor der Stadt Philadelphia mit seinem inzwischen erwachsenen Sohn William einen Drachen steigen. Er hoffte, die in den aufziehenden Gewitterwolken von ihm vermutete Elektrizität mithilfe dieses Drachens ableiten zu können. Zunächst geschah gar nichts; doch noch ehe er an seinem Experiment zweifeln konnte, stellte Franklin fest, dass sich einige lose Fäden an der Hanfschnur aufrichteten und sich sozusagen voneinander wegstreckten. Zum Ableiten der Elektrizität aus der Schnur hatte er am Schnurende einen großen Schlüssel befestigt. An diesen hielt er die Knöchel seiner Hand und nahm mit freudiger Erregung die überspringenden kleinen Stromschläge wahr. Dass dieser Beweis für die Übereinstimmung von Blitz und Elektrizität unter Lebensgefahr erbracht worden war, begriff Benjamin Franklin damals noch nicht, nahm er doch an, dass durch das «Anzapfen» der Gewitterwolken ein Blitzschlag vermieden wird. Allerdings hätte er das Lebensgefährliche seines Experimentes durch einen Vorfall vom 23. Dezember 1749, von dem er selbst berichtet, erkennen können.

«Als ich gerade dabei war, einen Truthahn durch den Schlag zweier großer Glasflaschen zu töten, die so viel elektrisches Feuer wie vierzig gewöhnliche Phiolen enthielten, bekam ich unabsichtlich das Ganze durch meine Arme und meinen Körper, indem ich das Feuer von den vereinigten Spitzendrähten in eine Hand erhielt, während die andere eine Kette hielt, die mit den Außenseiten beider Flaschen verbunden war. Die Anwesenden (deren Sprechen untereinander und mit mir vermutlich meine Unaufmerksamkeit gegenüber dem, was ich gerade tat, verursachte) sagten, dass der Blitz sehr groß war und der Krach so laut wie der einer Pistole; da ich sofort ohnmächtig wurde, sah ich weder das eine, noch hörte ich das andere, noch fühlte ich den Schlag in meiner Hand ... Dann spürte ich etwas, wovon ich nicht weiß, wie ich es gut beschreiben soll: einen allgemeinen Schlag durch meinen ganzen Körper vom Kopf bis zum Fuß, der sowohl innen als auch außen zu sein schien; wonach das Erste, das ich wahrnahm, ein heftiges rasches Schütteln meines Körpers war, das allmählich nachließ, worauf meine Sinne nach und nach zurückkehrten ... Jener Teil meiner Hand und Finger, welche die Kette hielt, war weiß, als ob das Blut daraus getrieben worden wäre, und blieb so noch acht oder zehn Minuten nachher; er fühlte sich wie totes Fleisch an, und ich hatte eine Gefühllosigkeit im Arm und im Nacken, die bis zum nächsten Morgen andauerte, sich aber dann verlor. ... Ich schäme mich meines so offenkundigen Schnitzers, der dem jenes Iren gleichkommt ... der, um Pulver zu stehlen, mit einem glühenden Eisen ein Loch in das Fass machte.»

Niemals hatte «Drachen-steigen-Lassen» eine größere Wir-

Franklins berühmtes und gefährliches Experiment mit dem Drachen.

kung! Denn sofort erfasste Benjamin Franklin die Konsequenz aus diesem Experiment und kündigte in seiner Zeitung an, dass in der neuen *Poor Richard*-Ausgabe eine Darstellung erscheinen werde, «wie Häuser etc. gegen Blitz zu sichern sind». Mit Text und Zeichnungen wurde dann der Bau einer Eisenstange am Dachfirst der Häuser beschrieben, durch die der Blitz in die anders gepolte Erde abgeleitet würde. Und niemals zuvor wurde so rasch eine naturwissenschaftliche Erkenntnis zu einer jedermann verständlichen Handhabung geführt, denn sofort begannen die aufgeschlossenen Mitbürger mit dem Bau von Blitzableitern. Franklin selbst war mit gutem Beispiel vorangegangen und hatte bereits im September 1752 sein Haus mit einem Blitzableiter geschützt. Gewitter, Blitz und Donner waren für die Menschen dieser Zeit beängstigende Naturgewalten. Für religiös Gestimmte waren sie eine göttliche Offenbarung, und im Blitz sah man ein Urteil Gottes, das einen Sünder treffen konnte. Da durfte kein Mensch eingreifen. So wurde die grandiose Idee des Blitzableiters sowohl in Ame-

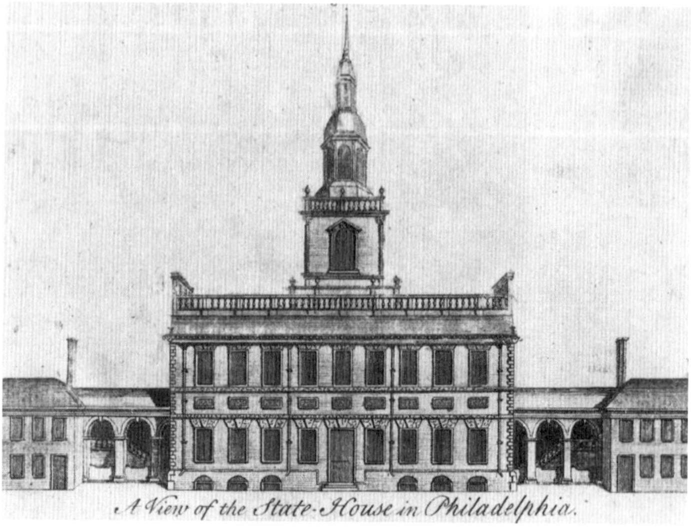

Das State House in Philadelphia war eines der ersten Gebäude, das mit einem Blitzableiter ausgestattet wurde.

rika als auch in Europa zunächst abgelehnt. Aber weil eben in jener Zeit sich das Verhältnis der Menschen zum Naturgeschehen durch das neue naturwissenschaftliche Denken veränderte, breitete sich diese Erfindung doch sehr rasch aus. Eben durch dieses Denken konnte das Naturgeschehen im Experiment in seinen Einzelheiten isoliert, gesteuert und zerlegt werden. Was vorher eine Einheit für das Erleben der Menschen war, die dunklen Gewitterwolken, der aufkommende Sturm, Blitz und Donner, Angst und Sorge, das zerfällt im Experiment in zwei Teile: auf der einen Seite das geleitete Experiment, auf der anderen der genau beobachtende Naturwissenschaftler. Und so waren nach kurzer Zeit alle öffentlichen Gebäude in Philadelphia mit Blitzableitern versehen – bis auf das Haus der französischen Gesandtschaft. Hier hatte sich die ablehnende Haltung des französischen Gelehrten und Lehrers der Königsfamilie Abbé Nollet durchgesetzt, und der Bau eines Blitzableiters war auf sein Betreiben hin unterblieben. Die Ironie des

Schicksals wollte es, dass 1782 dieses Haus vom Blitz getroffen und ein Angestellter getötet wurde.

Dem Siegeszug dieser Erfindung folgte nun auch die Royal Society, und sie entschloss sich, Franklins alte Aufsätze jetzt in ihren Sitzungsberichten abzudrucken, was eine große Anerkennung darstellte. Auch verlieh sie ihm die goldene «Sir Godfrey Coples-Medaille», welche Franklin in Philadelphia vom englischen Gouverneur bei einem Festbankett überreicht wurde. Drei Jahre später (1756) wählte die Royal Society ihn, den amerikanischen Buchdrucker, zu ihrem Mitglied!

In Amerika war Franklin bereits im Juli 1753 von der ältesten Universität in den Kolonien, Harvard bei Boston, mit der Verleihung des Ehrendiploms eines «Master of Arts» ausgezeichnet worden. So verstehen wir, dass Goethe sagte: «Ich bin kurz vor der Erfindung des Blitzableiters geboren worden.» Und für Immanuel Kant war Franklin der Mensch, der wie «ein neuer Prometheus das Feuer vom Himmel gestohlen hatte».

Kleiner Exkurs zur Verwaltung der nordamerikanischen Kolonien im 17. / 18. Jahrhundert

Das politische Wirken von Benjamin Franklin wird nur verständlich, wenn man die komplizierte Verwaltungsstruktur der Kolonien in Nordamerika überblickt. Es gab verschiedene rechtliche Bindungen der dreizehn Kolonien an das Mutterland England: Virginia war eine sogenannte Kronkolonie, die unmittelbar dem englischen Königshaus unterstand. Der Admiral Sir Walter Raleigh hatte das Gebiet auf eigene Faust mit Waffengewalt erobert und es 1584 der damaligen Königin Elisabeth I. («royal virgin» = königliche Jungfrau) geschenkt. Diese Kolonie verwaltete ein Gouverneur, der jeweils von der englischen Krone eingesetzt wurde; auch die Mitglieder des dortigen Kolonialrates wurden von London aus ernannt, und sie berieten ihrerseits den Gouverneur in gleicher Weise, wie es die Mitglieder des «House of Lords» (Oberhaus) gegenüber dem König taten. Die Kolonisten in Virginia bildeten aus ihren Reihen die Assembly, was dem englischen Unterhaus («House of Commons») entsprach.

Es gab aber auch die sogenannte Eigentümerkolonie. Dort hatte der englische König seine Hoheitsrechte einer Privatperson übertragen, wofür Pennsylvania ein Beispiel ist. William Penn wurde auf diese Weise zum «Lord-Proprietor», also zum Besitzer dieses riesigen Gebietes. Durch das Erbrecht blieb diese Kolonie rund 100 Jahre Eigentum der Familie Penn, die somit berechtigt war, sämtliche Beamte und auch den Gouverneur zu ernennen. Und dieser wiederum erhielt das Recht, u.a. Kriegsgesetze zu erlassen und Begnadigungen auszusprechen, was sonst dem König vorbehalten war. Allerdings bestand man in London darauf, dass die Gesetze in der Eigentümerkolonie der Zustimmung der Assembly

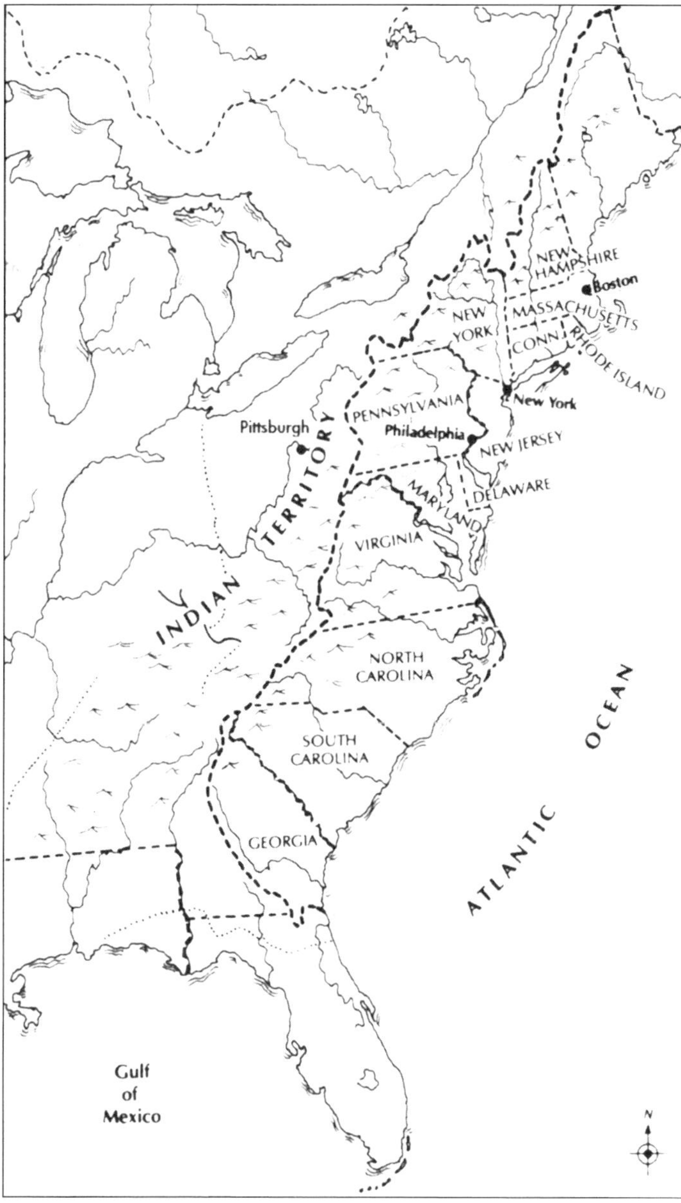

Karte der dreizehn Kolonien.

bedurften, woraus sich viele Konflikte zwischen Gouverneur und Volksvertretern ergaben.

Als dritte Art der Kolonialverwaltung gab es die Freibriefkolonie, wie z.B. Massachusetts. Hier hatten 1622 die «Pilgrim-Fathers» für ihr Land einen Rechtsbrief vom englischen König auf selbstständige Verwaltung erhalten. Diese Kolonisten wählten daher ihren Gouverneur und die Beamten selbst. Die Gesetze der Assembly bedurften nicht der Bestätigung durch den König; in der Hand der Krone verblieb lediglich das Recht auf Ausübung der Außenpolitik und der Durchsetzung der Handels- und Schifffahrtsgesetze. Der spätere Konflikt zwischen Boston und London um freien Handel hatte in dieser Einschränkung seinen Ausgangspunkt.

Auch wenn die rechtliche Bindung der Kolonisten zum Mutterland unterschiedlich freilassend geregelt war, fühlten sich doch alle Menschen viel freier als in ihrer alten Heimat unter den strengen und zum Teil engstirnigen Landesherren. Hier in der neuen Welt lebten und arbeiteten sie nach ihren eigenen Vorstellungen, und der König war weit weg auf der anderen Seite des Atlantik. In diesen Menschen erwuchs ein Selbstständigkeitsdrang, der empfindlich auf jede Andeutung von ungerechter Machtausübung oder Willkür durch einen Gouverneur oder königlichen Beamten reagierte. Hier in Neu-England, besonders in Boston und Philadelphia, war der Mutterboden eines bewussten Freiheitswillens, der Jahrzehnte später zur Erklärung der Unabhängigkeit und der ersten Formulierung der Menschenrechte führen sollte.

Schritte in die Weltpolitik

Nachdem Franklin mit zweiundvierzig Jahren seine Druckereien und Zeitungen weitgehend in die Hände eines Geschäftspartners übergeben hatte, widmete er sich auf das Drängen seiner Freunde verstärkt der Politik, worunter wir uns aber keine Parteipolitik vorzustellen haben, sondern das Einsetzen für das Gemeinwohl. Selbstverständlich pflegte er seine vielfältigen Interessen weiterhin; hinzu kamen jetzt seine französischen, italienischen und lateinischen Sprachstudien.

Benjamin Franklins Weg in die Politik begann in Philadelphia als «Clerk of Assembly» (Protokollant); mit fünfundvierzig Jahren wurde er als Volksvertreter in die Assembly gewählt, der er viele Jahre angehörte. Sein politisches Wirken bis an sein Lebensende (1790) ist – wie so vieles andere auch – nur aus den Zeitumständen verständlich. Die Weltmächte England und Frankreich hatten in den Konflikt zwischen Österreich und Preußen um die Vormachtstellung in Mitteleuropa eingegriffen: Letztlich unterstützte England den preußischen König Friedrich II., während die Franzosen auf Seiten der Kaiserin Maria Theresia kämpften. Diese Verwicklungen hatten selbstverständlich auch in den Kolonien ihre Auswirkungen, insbesondere für die im Ohio-Gebiet stationierten französischen Truppen. Frankreich hatte zu dieser Zeit seine Kolonie Louisiana am Mississippi durch eine Kette von Forts mit dem französischen Siedlungsgebiet am Sankt-Lorenz-Strom in Kanada verbunden, um so dem Ausdehnungsdrang der englischen Kolonisten Einhalt zu gebieten. Durch das

Friedrich II. (1712 – 1786), König von Preußen

Maria Theresia (1717 – 1780), Kaiserin von Österreich

Gebundensein französischer Truppen in Europa war derzeit eine Verstärkung in diesen Forts nicht möglich, sodass die Engländer glaubten, durch die gewaltige Überzahl ihrer Kolonisten ohne eigene reguläre Truppen die französische Landverbindung im Ohio-Gebiet durchbrechen zu können. Die Engländer täuschten sich: Die Angriffe der Kolonisten-Miliz prallten am heftigen Widerstand der Franzosen ab. Auf ihrer Suche nach Verbündeten bedachten die Engländer die Indianerstämme in den Grenzgebieten mit Geschenken, doch mussten sie feststellen, dass die Franzosen ihnen zuvorgekommen waren; die meisten Indianerhäuptlinge waren mit noch großzügigeren Gaben auf die französische Seite gebracht worden.

In dieser Situation kam es im Juni 1754 zu einem ersten Treffen von Volksvertretern aller dreizehn Kolonien; Benjamin Franklin vertrat Pennsylvania. In Albany, der Hauptstadt der Kolonie New York, unterbreitete Franklin den Delegierten seinen ersten Plan

George Washington (1732 – 1799)

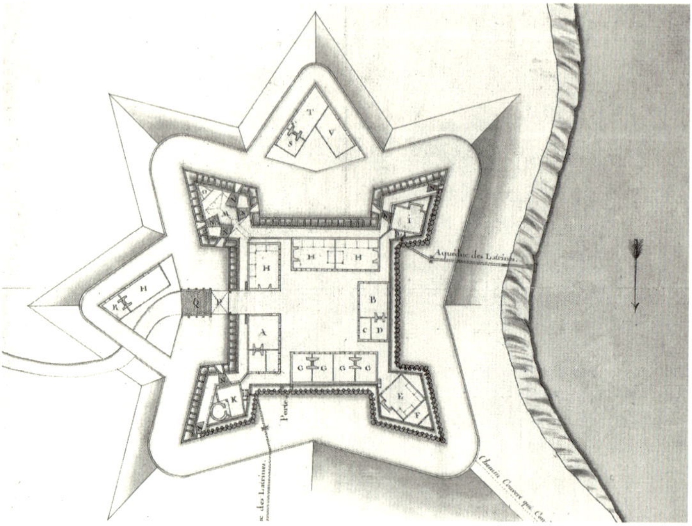

Fort Duquesne

einer Union der nordamerikanischen Kolonien. Dieser «Unionsplan», der eine weitgehende Loslösung vom Mutterland England vorsah, scheiterte zwar an dieser Stelle, doch zeigte er sich dreiunddreißg Jahre später als der Keim der amerikanischen Verfassung.

Als in diese Beratungen die Nachricht platzte, dass der bisher erfolgreiche Anführer der Miliz, George Washington, sich der Übermacht der französischen Truppen hatte ergeben müssen, entschloss man sich nun doch, reguläre englische Soldaten einzusetzen, die der gefürchtete General Braddock anführen sollte. Ziel des massiven Angriffs war das französische Fort Duquesne (genannt nach dem französischen Eroberer; heute die große Industriestadt Pittsburgh). Dieses Fort lag am Zusammenfluss der Quellflüsse des Ohio und versperrte den englischen Kolonisten den begehrten Weg in die riesigen unerschlossenen Weiten des amerikanischen Westens.

An den militärischen Vorbereitungen war Benjamin Franklin

erstmalig im April 1755 durch sein Amt als Generalpostmeister beteiligt. Er hatte für den Transport der englischen Truppen in den Kolonien die Pferde und Fuhrwerke zu besorgen (siehe Bekanntmachung auf S. 90). Aus Unkenntnis über die geografischen Gegebenheiten war General Braddock viel zu weit im Süden gelandet und musste nun quer durch Pennsylvania nach Nordwesten ziehen. Diese an Zeit und Material aufwendige Korrektur trug jedoch nicht dazu bei, dass General Braddock bereit gewesen wäre, auf Ratschläge zu hören. Er ignorierte Franklins Warnung vor den aus dem Hinterhalt angreifenden Indianern und entgegnete: «Diese Wilden mögen allerdings für eure rohe amerikanische Miliz ein furchtbarer Feind sein, allein auf des Königs reguläre und wohldisziplinierte Truppen, Sir, werden sie unmöglich irgendeinen Eindruck machen.»

Franklins Prophezeiung ging in tragischer Weise in Erfüllung: Am 9. Juli 1755 geriet die englische Vorhut bei einer Flussüberquerung in einen Hinterhalt. Allein von den 86 Offizieren wurden 63 schwer verwundet oder getötet; die Überlebenden kehrten – alles liegenlassend – in Panik zu der Truppe in das Zwischenlager zurück, wo sich die 1.000 Mann in Angst und Schrecken sofort nach Philadelphia aufmachten. Wenige Tage später erlag General Edward Braddock seinen schweren Wunden; seine letzten Worte waren: «Wer hätte das gedacht! Wir werden ein andermal besser wissen, wie man mit ihnen umspringen muss.» So fielen den Indianern und den Franzosen enorme Mengen an Proviant, Munition und Geschützen in die Hände. Von der berühmten Tapferkeit der englischen Soldaten hatte nun niemand mehr eine hohe Meinung.

Auch die vielen Pferde und Fuhrwerke der amerikanischen Kolonisten waren bei der überstürzten Flucht der Engländer zurückgelassen worden, und da Franklin den Aufruf zur Bereitstellung erlassen hatte, wandten sie sich an ihn wegen einer Entschädigung. Franklin entsprach dieser Forderung mit einer persönlichen Bürgschaft und sah sich ruiniert. Erst als die

Bekanntmachung

Lancaster, 26. April 1755

Da für den Dienst der königlichen Truppen, die im Begriff stehen, sich in Wills Creek zu sammeln, einhundertundfünfzig vierspännige Wagen und fünfzehnhundert Reit- oder Packpferde erforderlich sind und Seine Exzellenz General Braddock geruht hat, mich zum Abschluss von Mietverträgen dafür zu ermächtigen, gebe ich hiermit Nachricht, dass ich von heute bis zum künftigen Mittwochabend in Lancaster und vom nächsten Donnerstagmorgen bis zum Freitagabend in York verweilen und bereit sein werde, für Wagen und Gespann oder einzelne Pferde unter den folgenden Bedingungen Verträge abzuschließen, nämlich: 1. Für jeden Wagen mit vier guten Pferden und einem Fuhrmann werden fünfzehn Shilling täglich, für jedes tüchtige Pferd mit einem Packsattel oder anderem Sattel und Zaumzeug zwei Shilling täglich und für jedes tüchtige Pferd ohne Sattel achtzehn Pence pro Tag bezahlt werden. 2. Die Bezahlung beginnt von der Zeit an, wo diese bei den Streitkräften in Wills Creek eintreffen, was am oder vor dem kommenden 20. Mai geschehen muß, und außerdem wird eine angemessene Vergütung für die nach Wills Creek nötige Reise und für die Heimreise nach der Entlassung geleistet werden. 3. Jeder Wagen, jedes Gespann und jedes Reit- oder Packpferd soll von unbeteiligten Personen, die von mir und den Eigentümern zu wählen sind, geschätzt werden; im Fall des Verlustes irgendeines Wagens, Gespanns oder Pferdes im Dienste soll aber der Preis nach dieser Schätzung vergütet und bezahlt werden. – 4. Dem Eigentümer eines jeden Wagens und Gespanns oder Pferdes soll von mir auf Verlangen bei Abschluss des Vertrags eine siebentägige Löhnung im Voraus auf die Hand bezahlt und der Rest von General Braddock oder dem Zahlmeister der Armee bei der Entlassung oder auch von Zeit zu Zeit ausbezahlt werden, je nachdem es verlangt wird ...

Assembly 50.000 Pfund für Verteidigungszwecke bewilligte, wurden die Gelder für den Verlust der Fuhrwerke von der Regierung bezahlt.

Durch diese Ereignisse war offenbar geworden, dass sich die Kolonisten selbst um ihre Verteidigung zu kümmern hatten. Auch in den folgenden Monaten setzten sich die Streitigkeiten an der Nordwestgrenze von Pennsylvania fort. Die Assembly beschloss im November, zur Finanzierung der Landesverteidigung allgemeine Steuern von den Grundbesitzern zu erheben. Der größte Grundbesitzer in Pennsylvania war nach wie vor die Familie Penn. Als deren Gouverneur versuchte, die Eigentümerfamilie aus der Besteuerung herauszuhalten, stieß er auf große Kritik, da es auf der Hand lag, dass eine Verteidigung des Landes auch im Interesse dieser Familie war. Diesem Argument der Volksvertreter konnte der Gouverneur sich nicht ganz verschließen, und es kam zu einer freiwilligen Zahlung der Familie Penn von 5.000 Pfund. Da aber die geplanten Ausgaben sich auf 60.000 Pfund beliefen, wurde der Betrag von 5.000 Pfund als völlig unzulänglich angesehen. Der Streit hierüber und über weitere Fragen der richtigen Landesverteidigung führte schließlich dazu, dass Ende 1756 Benjamin Franklin im Auftrag der Assembly nach London zum englischen König entsandt werden sollte, um Unterstützung von der Krone zu erwirken.

Zuvor erfüllte Benjamin Franklin im Lande noch weitere wichtige Aufgaben für die Assembly. Zum einen hatte er die Verteidigungsgelder zu verwalten, und zum andern übernahm er es, seine Landsleute von der Notwendigkeit einer Freiwilligentruppe zu überzeugen. Dazu griff er wieder einmal zur Feder. Seine Ausführungen fanden allgemeine Zustimmung, sodass Franklin daraufhin vom Gouverneur mit der Organisation der Grenzverteidigung beauftragt wurde. So ist er während der Wintermonate November 1755 bis Februar 1756 in den unwirtlichen Wäldern des Allhany-Gebirges mit dem Aufbau eines Forts befasst, ohne Schonung seiner Gesundheit. Diese Haltung, sich ganz für seine

The WAY to Wealth,

AND

A PLAN by which every MAN MAY PAY HIS TAXES.

COURTEOUS READER,

I HAVE heard that nothing gives an author so great pleasure as to find his works respectfully quoted by others. Judge, then, how much I must have been gratified by an incident I am going to relate to you. I stopped my horse lately, where a great number of people were collected at an auction of merchants goods. The hour of sale not being come, they were conversing on the badness of the times, and one of the company called to a plain clean Old Man, with white locks,—'Pray, *Father Abraham*, what think you of the times? Will not these heavy taxes quite ruin the country? How shall we be ever able to pay them? What would you advise us to?' Father Abraham stood up, and replied, 'If you would have my advice, I will give it you in short, "for a word to the wise is enough," as *Poor Richard* says.' They joined in desiring him to speak his mind, and gathering round him, he proceeded as follows:

'FRIEND, says he, the taxes are indeed very heavy; and if those laid on by the government were the only ones we had to pay, we might more easily discharge them; but we have many others, and much more grievous to some of us. We are taxed twice as much by our idleness, three times as much by our pride, and four times as much by our folly; and from these taxes the commissioners cannot ease or deliver us, by allowing an abatement. However, let us hearken to good advice, and something may be done for us; "God helps them that help themselves," as Poor Richard says.'

I. 'It would be thought a hard government that should tax its people one tenth part of their time, to be employed in its service: but idleness taxes many of us much more; sloth, by bringing on diseases, absolutely shortens life. "Sloth, like rust, consumes faster than labour wears, while the used key is always bright," as Poor Richard says.—"But dost thou love life, then do not squander time, for that is the stuff life is made of," as Poor Richard says. 'How much more than is necessary do we spend in sleep; forgetting that "The sleeping fox catches no poultry, and that there will be sleeping enough in the grave," as Poor Richard says.

"If time be of all things the most precious, wasting time must be," as Poor Richard says, "the greatest prodigality;" since, as he elsewhere tells us, "Lost time is never found again; and what we call time enough, always proves little enough:" Let us then up and be doing, and doing to the purpose; for by diligence we shall do more with less perplexity. "Sloth makes all things difficult, but industry all easy; and, he that riseth late, must trot all day, and shall scarce overtake his business at night; while laziness travels so slowly, that poverty soon overtakes him. Drive thy business, let not that drive thee; and early to bed, and early to rise, makes a man healthy, wealthy, and wise," as Poor Richard says.

'So what signifies wishing and hoping for better times? We may make these times better, if we bestir ourselves. "Industry need not wish, and he that lives upon hope will die fasting. There are no gains without pains; then help hands, for I have no lands," or, if I have, they are smartly taxed. "He that hath a trade, hath an estate; and he that hath a calling, hath an office of profit and honour," as Poor Richard says; but then the trade must be worked at, and the calling well followed, or neither the estate nor the office will enable us to pay our taxes. If we are industrious we shall never starve; for, "at the working man's house hunger looks in, but dares not enter." Nor will the bailiff or the constable enter, for, "Industry pays debts, while despair encreaseth them." What though you have found no treasure, nor has any rich relation left you a legacy, "Diligence is the mother of good luck, and God gives all things to industry. Then plow deep, while sluggards sleep, and you shall have corn to sell and to keep." Work while it is called to-day, for you know not how much you may be hindered to-morrow. "One to-day is worth two to-morrows," as Poor Richard says; and farther, "Never leave that till to-morrow, which you can do to-day."—If you were a servant, would you not be ashamed that a good master should catch you idle? Are you then your own master? Be ashamed to catch yourself idle, when there is so much to be done for yourself, your family, and your country.—Handle your tools without mittens; remember, that "The cat in gloves catches no mice," as Poor Richard says. It is true, there is much to be done, and, perhaps, you are weak handed; but stick to it steadily, and you will see great effects; for "Constant dropping wears away stones; and by diligence and patience the mouse ate in two the cable; and little strokes fell great oaks."

'Methinks I hear some of you say, "Must a man afford himself no leisure?" I will tell thee, my friend, what Poor Richard says; "Employ thy time well, if thou meanest to gain leisure, and, since thou art not sure of a minute, throw not away an hour." *Leisure* is time for doing something useful; this leisure the diligent man will obtain, but the lazy man never; for, "A life of leisure, and a life of laziness are two things. Many, without labour, would live by their wits only, but they break for want of stock;" whereas industry gives comfort, and plenty, and respect. "Fly pleasures, and they will follow you. The diligent spinner has a large shift; and now I have a sheep and a cow, every body bids me good-morrow."

II. 'But with our industry we must likewise be steady, settled, and careful, and oversee our own affairs with our own eyes, and not trust too much to others; for as Poor Richard says,

"I never saw an oft removed tree,
Nor yet an oft removed family,
That throve so well as those that settled be."

'And again, "Three removes is as bad as a fire;" and again, "Keep thy shop, and thy shop will keep thee;" and again, "If you would have your business done, go; if not, send." And again,

"He that by the plough would thrive,
Himself must either hold or drive."

'And again, "The eye of a master will do more work than both his hands;" and again, "Want of care does us more damage than want of knowledge;" and again, "Not to oversee workmen, is to leave them your purse open; trusting too much to others care is the ruin of many;" for, "In the affairs of this world, men are saved, not by faith, but by the want of it;" But a man's own care is profitable; for, "If you would have a faithful servant, and one that you like, serve yourself. A little neglect may breed great mischief; for want of a nail the shoe was lost; for want of a shoe the horse was lost; and for want of a horse the rider was lost," being overtaken and slain by the enemy; all for want of a little care about a horse-shoe nail."

III. 'So much for industry, my friends, and attention to one's own business; but to these we must add frugality, if we would make our industry more certainly successful. A man may, if he knows not how to save as he gets, "keep his nose all his life to the grindstone, and die not worth a groat at last. A fat kitchen makes a lean will;" and

"Many estates are spent in the getting,
Since women for tea forsook spinning and knitting,
And men for punch forsook hewing and splitting."

"If you would be wealthy, think of saving, as well as of getting. The Indies have not made Spain rich, because her outgoes are greater than her incomes."

'Away, then, with your expensive follies, and you will not then have so much cause to complain of hard times, heavy taxes, and chargeable families; for

"Women and wine, game and deceit,
Make the wealth small, and the want great."

'And farther, "What maintains one vice, would bring up two children." You may think, perhaps, that a little tea, or a little punch now and then, diet a little more costly, cloaths a little finer, and a little entertainment now and then, can be no great matter; but remember, "Many a little makes a mickle." Beware of little expences; "A small leak will sink a great ship," as Poor Richard says; and again, "Who dainties love, shall beggars prove;" and moreover, "Fools make feasts, and wise men eat them." Here you are all got together to this sale of fineries and nick-nacks. You call them *goods*; but, if you do not take care, they will prove *evils* to some of you. You expect they will be sold cheap, and, perhaps, they may for less than they cost; but, if you have no occasion for them, they must be dear to you. Remember what Poor Richard says, "Buy what thou hast no need of, and ere long thou shalt sell thy necessaries." And again, "At a great pennyworth pause awhile." He means, that perhaps the cheapness is apparent only, and not real; or the bargain, by straitening thee in thy business, may do thee more harm than good. For in another place he says, "Many have been ruined by buying good pennyworths." Again, "It is foolish to lay out money in a purchase of repentance;" and yet this folly is practised every day at auctions, for want of minding the Almanack. Many a one, for the sake of finery on the back, has gone with a hungry belly, and half starved their families; "Silks and sattins, scarlets and velvets, put out the kitchen fire," as Poor Richard says. These are not the necessaries of life; they can scarcely be called the conveniencies; and yet only because they look pretty, how many want to have them? By these, and other extravagances, the genteel are reduced to poverty, and forced to borrow of those whom they formerly despised, but who, through industry and frugality, have maintained their standing; in which case it appears plainly that "A ploughman on his legs, is higher than a gentleman on his knees," as Poor Richard says.—Perhaps they have had a small estate left them, which they knew not the getting of; they think "It is day, and will never be night;" that a little to be spent out of so much is not worth minding; but "Always taking out of the meal-tub, and never putting in, soon comes to the bottom," as Poor Richard says; and then, "When the well is dry, they know the worth of water." But this they might have known before, if they had taken his advice: If you would know the value of money, go and try to borrow some; for he that goes a borrowing goes a sorrowing," as Poor Richard says; and, indeed, so does he that lends to such people, when he goes to get it in again. Poor Dick farther advises, and says,

"Fond pride of dress is sure a very curse;
Ere fancy you consult, consult your purse."

'And again, "Pride is as loud a beggar as Want, and a great deal more saucy." When you have bought one fine thing, you must buy ten more, that your appearance may be all of a-piece; but Poor Dick says, "It is easier to suppress the first desire, than to satisfy all that follow it!" And it is as truly folly for the poor to ape the rich, as for the frog to swell, in order to equal the ox.

"Vessels large may venture more,
But little boats should keep near shore."

"It is, however, a folly soon punished:" for, as Poor Richard says, "Pride that dines on vanity sups on contempt: Pride breakfasted with plenty, dined with poverty, and supped with infamy." And, after all, of what use is this pride of appearance, for which so much is risked, so much is suffered? It cannot promote health, nor ease pain; it makes no increase of merit in the person, it creates envy, it hastens misfortune.

'But what madness must it be to *run in debt* for these superfluities? We are offered, by the terms of this sale, six months credit; and that, perhaps, has induced some of us to attend it, because we cannot spare the ready money, and hope now to be fine without it. But ah! think what you do when you run in debt; you give to another power over your liberty. If you cannot pay at the time, you will be ashamed to see your creditor; you will be in fear when you speak to him; you will make poor, pitiful, sneaking excuses, and, by degrees, come to lose your veracity, and sink into base downright lying; for "The *second* vice is lying, the first is running in debt," as Poor Richard says; and again to the same purpose, "Lying rides upon Debt's back:" whereas a free born American ought not to be ashamed nor afraid to see or speak to any man living. But poverty often deprives a man of all spirit and virtue.' "It is hard for an empty bag to stand upright." 'What would you think of that prince, or of that government, who should issue an edict forbidding you to dress like a gentleman or gentlewoman, on pain of imprisonment or servitude? Would you not say that you were free, have a right to dress as you please, and that such an edict would be a breach of your privileges, and such a government tyrannical? And yet you are about to put yourself under that tyranny, when you run in debt for such dress! Your creditor has authority, at his pleasure, to deprive you of your liberty, by confining you in gaol for life, or by selling you for a servant, if you should not be able to pay him. When you have got your bargain, you may, perhaps, think little of payment; but as Poor Richard says, "Creditors have better memories than debtors; creditors are a superstitious sect, great observers of set days and times." The day comes round before you are aware, and the demand is made before you are prepared to satisfy it; or, if you bear your debt in mind, the term which at first seemed so long, will, as it lessens, appear extremely short. Time will seem to have added wings to his heels as well as his shoulders. "Those have a short Lent who owe money to be paid at Easter." At present, perhaps, you may think yourselves in thriving circumstances, and that you can bear a little extravagance without injury: but

"For age and want save while you may,
No morning sun lasts a whole day."

'Gain may be temporary and uncertain, but ever, while you live, expence is constant and certain; and, "It is easier to build two chimneys, than to keep one in fuel," as Poor Richard says: So, "Rather go to bed supperless than rise in debt."

"Get what you can, and what you get hold,
'Tis the stone that will turn all your lead into gold."

'And when you have got the philosopher's stone, sure you will no longer complain of bad times or the difficulty of paying taxes.'

IV. 'This doctrine, my friends, is reason and wisdom: But, after all, do not depend too much upon your own industry and frugality and prudence, though excellent things; for they may all be blasted without the blessing of heaven; and, therefore, ask that blessing humbly, and be not uncharitable to those that at present seem to want it, but comfort and help them. Remember Job suffered, and was afterwards prosperous.

'And now, to conculde, "Experience keeps a dear school, but fools will learn in no other," as Poor Richard says, and scarce in that; for, it is true, "We may give advice, but we cannot give conduct;" However, remember this, "They that will not be counselled, cannot be helped;" and farther, that "If you will not hear Reason, she will surely rap your knuckles," as Poor Richard says.'

Thus the old gentleman ended his harangue. The people heard it, and approved the doctrine, and immediately practised the contrary, just as if it had been a common sermon; for the auction opened, and they began to buy extravagantly.—I found the good man had thoroughly studied my Almanacks, and digested all I had dropt on these topics during the course of twenty-five years. The frequent mention he made of me must have tired any one else; but my vanity was wonderfully delighted with it, though I was conscious, that not a tenth part of the wisdom was my own, which he ascribed to me; but rather the gleanings that I had made of the sense of all ages and nations. However, I resolved to be the better for the echo of it; and, though I had at first determined to buy stuff for a new coat, I went away, resolved to wear my old one a little longer. Reader, if thou wilt do the same, thy profit will be as great as mine. I am, as ever,

Thine to serve thee,

RICHARD SAUNDERS.

Philadelphia: Printed by DANIEL HUMPHREYS, in Spruce-street, near the Drawbridge.

Für die letzte Ausgabe seines Almanachs schrieb Benjamin Franklin seinen berühmten Artikel «The Way to Wealth».

Überzeugung einzusetzen, beeindruckte schon damals die Zeitgenossen und stärkte das Vertrauen zu dieser Persönlichkeit. Gleich nach der Rückkehr von der gefährlichen Mission an der Grenze, die immer wieder von Indianerüberfällen gestört wurde, hielten die Freiwilligen aus Dank für die umsichtige Führung des Oberst Franklin vor seinem Hause in der Secondstreet eine Ehrenparade ab. Gerührt winkte er seinen Mitbürgern und Soldaten zu. Dem Gouverneur war diese außergewöhnliche Ehrung nicht entgangen, und er ließ über Umwege die Regierung in London wissen, dass Franklin «mit dem Gedanken spiele, die Regierung der Kolonie an sich zu reißen».

Inzwischen war General Lord Loudoun als Nachfolger für General Braddock in Philadelphia eingetroffen. Er versuchte im Februar 1757, zwischen den Parteien Penn/Assembly zu vermitteln, doch lehnte der Gouverneur Denny – selbstverständlich im Auftrag der Familie Penn – weiterhin eine Besteuerung ab. Nun machte sich Benjamin Franklin am 4. April 1757 in Begleitung seines Sohnes William auf den Weg nach London. Auf dieser mehrwöchigen Überfahrt nahm Franklin quasi Abschied von seinem *Armen Richard*, indem er für dessen allerletzte Ausgabe den berühmten Artikel «Der Weg zum Wohlstand» schrieb.

Wieder in London

Franklin war, als er nun nach London kam, kein Unbekannter mehr. Er erlebte zu seiner Überraschung, dass er hier nicht nur als Erfinder des Blitzableiters berühmt war, sondern dass man ihn als Freund des verstorbenen General Braddock schätzte. Bei Braddocks überstürzter Flucht war dessen persönliche Habe den Franzosen in die Hände gefallen, und man hatte seine Notizen in den Pariser Zeitungen veröffentlicht. In einem Schreiben an den englischen König lobte Braddock die Hilfe des Generalpostmeisters Franklin und empfahl ihn der Regierung. Dieser Mann also, der als Helfer der Krone galt, kam nun nach London, um sich beim König über die Ungerechtigkeiten der Nachfahren des William Penn zu beschweren. Richard und Thomas Penn lebten ebenfalls in London, und Franklin beabsichtigte, sie aufzusuchen. Durch die Vermittlung von Dr. Fothergill, seinem Förderer in der Royal Society, kam es im August 1757 zu einem Treffen, bei dem sich die Erben Penn umgänglicher als erwartet zeigten. Man einigte sich, den Kronanwalt des Königs als Schlichter anzuerkennen, und beschloss, die im Gespräch vertretenen Standpunkte für diesen schriftlich festzuhalten. Franklin übergab seine Ausführungen umgehend dem Kronanwalt.

Volle einundfünfzig Wochen lag sein Schreiben dort, ohne dass Franklin etwas hörte!

Benjamin Franklin und sein Sohn William wohnten seit ihrer Ankunft in der Craven-Street No. 7, wo sie bei der Witwe Mrs. Margaret Stevenson vier möblierte Zimmer hatten. Nun

London, Cravenstreet 7

saß Franklin keineswegs tatenlos herum, sondern er bahnte in verschiedenen Clubs neue Freundschaften an. Dort drehten sich die Gespräche vorwiegend um aktuelle politische, literarische und wirtschaftliche Themen; seine zu dieser Zeit besonders stattliche Figur beweist, dass auch das leibliche Wohl nicht zu kurz kam. Auch an den Sitzungen der Royal Society nahm er selbstverständlich teil; seine kluge und warmherzige Art hatte auch hier ihre befruchtende Wirkung. Sein Sohn William nutzte die Gelegenheit, um Jura zu studieren.

Franklins Wesenszug, sich für die Gemeinschaft einzusetzen, fand auch in London sofort ein Betätigungsfeld: Er wurde in den Vorstand der «Philanthropischen Gesellschaft» gewählt, die es sich zur Aufgabe gemacht hatte, Schulen für ehemalige Sklaven – unter anderem in Philadelphia und New York – finanziell zu unterstützen. Nach seiner Rückkehr nach Philadelphia kümmerte sich Franklin vor Ort um diese Schule; dabei erwarb er sich als einer der ersten Weißen eine positivere Anschauung der Menschen afrikanischer Abstammung. Später, an seinem Lebensende, setzte er sich dann auch politisch für die Abschaffung der Sklaverei ein.

Am 28. August 1759 beschloss das «Privy council» (Geheimer Rat) des Königs eine Besteuerung der Familie Penn von 100.000 Pfund! Franklin hatte in den vorausgegangenen Verhandlungen Lord Mansfield, den Obersten Richter in England, davon überzeugen können, dass diese Steuersumme für die Erben Penn zumutbar sei. Die Assembly in Philadelphia feierte diese Entscheidung als einen Sieg der Gerechtigkeit. Benjamin Franklins Auftrag war erfüllt!

Die dankbaren Philadelphier konnten ihren erfolgreichen Gesandten erst volle drei Jahre später ehren. Jahrzehntelang hatte man in der Kolonie darunter gelitten, dass die Familie Penn keine Steuern zahlte, was sogar der König in England tat; umso größer war die Freude an dem Verhandlungserfolg.

Als Franklin schließlich Ende 1762 wieder daheim eintraf, berichtete er seinem Freund in London: «Ich kam am 1. November gut zu Hause an und hatte das Glück, meine Familie bei bestem Wohlsein anzutreffen ... Mein Haus ist seit meiner Ankunft vom Morgen bis zum Abend voll von Besuchern, die mir zu meiner Rückkehr mit der äußersten Herzlichkeit und Zuneigung gratulieren. Sie sagen mir, sie wären mir mit fünfhundert Pferden entgegengekommen, wenn ich sie nicht durch mein heimliches Eintreffen überrascht hätte.»

Der mehrjährige Aufenthalt in London scheint nicht in dieser Länge geplant gewesen zu sein, vielmehr dürfen wir vermuten, dass seine vielseitigen Interessen ihn länger in der Ferne hielten und ihn hierhin und dorthin führten. Zum Beispiel bereiste er zusammen mit seinem Sohn die verschiedenen englischen Landschaften; auch suchte er mit ihm die Orte Ecton und Bunbury auf, von wo aus seine Vorfahren 1683 nach Amerika ausgewandert waren. In diese Zeit fällt auch die Verleihung der Ehrendoktorwürde der berühmten Universitäten St. Andrews (Schottland) und Oxford. Der jetzt im sechsten Lebensjahrzehnt Stehende erweiterte auf diese Art und durch viele Bekanntschaften mit bedeutenden Zeitgenossen unermüdlich seinen Bildungshorizont. Zwei dieser berühmten Männer, mit denen Franklin verkehrte, seien erwähnt: David Hume (1711 – 1776) und Adam Smith (1723 – 1790). Hume war der seinerzeit am meisten anerkannte Philosoph und Staatsdenker, auf ihn geht die moderne Erkenntnistheorie und Staatstheorie zurück. Smith wurde mit seinem Hauptwerk «Vom Wohlstand der Nationen» der Begründer der liberalen kapitalistischen Weltwirtschaftslehre. – Zu seinen naturwissenschaftlichen Freunden zählte der Elektrophysiker Musschenbroek in Leyden. Ihn besuchte Franklin bei einer Reise 1761 durch die Niederlande und das heutige Belgien. An allen Eindrücken, die Benjamin Franklin in diesen Jahren empfing, ließ er seine Frau durch lange, ausführliche Briefe teilnehmen.

Während dieser Zeit behielt Franklin seinen Wohnsitz weiterhin in der Cravenstreet, wo sich die Beziehung zu Mutter und Tochter Stevenson sehr herzlich entwickelte. Polly Stevenson war ein wissensdurstiges junges Mädchen, das ihn wie einen Vater betrachtete. Diese Freundschaft hielt das ganze Leben. Durch regelmäßigen Briefwechsel wurde die Beziehung aufrecht erhalten, und Polly war auch in seinen letzten Lebensstunden bei ihm. Eine tiefe Freundschaft entwickelte Franklin zu dem Buchdrucker William Strahan in London, und er konnte sich vorstellen, dessen Sohn mit seiner Tochter Sally zu verheiraten; Deborah Franklin war aber nicht bereit, ihre Einwilligung zu geben und noch dazu über den gefährlichen Ozean zu reisen.

Unter den Freunden, mit denen Franklin nur brieflich verkehrte, war der italienische Physiker Giambatista Beccaria aus Turin. Mit ihm stand er seit Jahren im Gedankenaustausch über die elektrischen Experimente. Franklin berichtete ihm nach Turin noch am 13. Juli 1762 – also kurz vor seinem Aufbruch von London – über eine Erfindung des Engländers Richard Puckeridge, die ihn zu einer wesentlichen Verbesserung angeregt hatte. Es handelte sich hierbei um die «musikalischen Gläser» von

1761 erfand Benjamin Franklin die Glasharmonika. Verschieden große Glasglocken waren auf einer waagerechten Achse aufgereiht und wurden durch ein Pedal (bei dieser Abbildung durch eine Handkurbel) in Rotation versetzt. Die Töne wurden erzeugt, indem man mit feuchten Fingern die Glockenränder berührte.

Franklin an der Glasharmonika

Puckeridge, und Franklin schrieb an Beccaria: «Da Sie aber in einem musikalischen Land leben, wird es Sie vielleicht freuen, einen Bericht über das neue Instrument zu erhalten ... Entzückt von der Süße ihrer Töne und ihrer Musik ... wünschte ich nur, die Gläser besser angeordnet zu sehen und sie in einem engeren Kreis zusammenzubringen, sodass ihre Anordnung eine größere Anzahl von Tönen innerhalb der Reichweite der Hand einer Person, die vor dem Instrumente sitzt, zulässt.» Franklin ließ statt der unterschiedlich gefüllten Biergläser besondere Gläser in der Form von Halbkugeln blasen – das größte Glas hatte 22 cm, das kleinste 3 cm im Durchmesser. Davon wählte er 37 Stück für drei Oktaven mit allen Halbtönen aus. Er montierte die Gläser auf eine eiserne Achse, die wie bei einem Spinnrad mit dem Fuß in Rotation gebracht wurde. Der Musizierende berührte die Ränder der sich drehenden Gläser mit den Fingern. «Die Vorteile dieses Instrumentes sind, dass seine Töne unvergleichlich süßer sind als die jedes anderen, dass sie nach Belieben durch stärkeren oder schwächeren Druck des Fingers verstärkt oder abgeschwächt und auf jede Dauer gehalten werden können; und dass das Instrument, einmal gut gestimmt, niemals wieder gestimmt zu werden braucht. Zu Ehren Ihrer musikalischen Sprache», schloss Franklin seinen Brief an Beccaria, «habe ich den Namen dieses Instrumentes von ihr entliehen, indem ich es ‹Armonica› nannte.» Dieses Instrument wurde zuerst in London gebaut, verbreitete sich in ganz Europa, und Franklin war unter den deutschen Musikern genauso berühmt wegen seiner Harmonika wie unter den Elektrikern wegen seines Blitzableiters. Mozart und Beethoven komponierten auch speziell für sie; Anfang des 19. Jahrhunderts kam die Glasharmonika aus der Mode.

Es waren nicht nur Franklins umfangreiche Interessen, die ihn so lange von der Heimat fernhielten; seine Freunde in London waren bemüht, ihn nicht so rasch abreisen zu lassen. Auch hier waren die Menschen gern mit ihm zusammen; neben allem anderen schätzten sie seine humorvolle und pointierte Ausdrucksweise, die sich auch in Ironie und Schärfe wandeln konnte, wie sich bald in Franklins Kampf gegen die Amerikapolitik des neuen englischen Königs George III. zeigen sollte. Am 22. September 1761 war der Zweiundzwanzigjährige seinem Großvater George II. auf den Thron gefolgt und entschlossen, wieder stärker allein zu regieren. Unter George II. hatte sein Premierminister William Pitt (der Ältere) die Politik maßgeblich bestimmt und durch seine Bündnisse und Kriege erreicht, dass England zur größten Weltmacht aufstieg. So wurde 1758 das französische Fort Dusquesne erobert und nach ihm in «Pittsbourgh» umbenannt. Schließlich ergab sich 1760 die ganze französische Kolonie Kanada den Engländern, nachdem der Engländer Wolfe die Stadt Quebec erobert hatte. Diese Ausdehnungspolitik des bisherigen Premierministers wurde von George III. nicht weiter verfolgt – ja, es sah sogar danach aus, dass Kanada gegen die kleine französische Zuckerrohrinsel Guadeloupe in der Karibik eingetauscht werden sollte. Hieraus war ersichtlich, dass gewisse Politiker um

George III. von England im Krönungsornat

den jungen König kein wirkliches Interesse an den Kolonien hatten, sondern in ihnen nur einen «Lieferanten» für Edelmetalle und Rohstoffe sahen, mit denen man bequem die hohen Staatsschulden begleichen konnte.

Der Gedanke, dass die kanadischen Gebiete wieder verlorengehen sollten, erregte Franklin so sehr, dass er überall, wo es nur möglich war, gegen die neue englische Politik wetterte, denn ein französisches Kanada wäre als Waffenlieferant der Indianer eine ständige Bedrohung für die Kolonien in Amerika gewesen. Der Tausch Kanadas gegen die Insel fand nicht statt, doch blieb in den dreizehn Kolonien die Empfindung, in London als Partner nicht ernst genommen zu werden. George III. schloss 1763 mit Frankreich den «Frieden von Paris»; der Friedensvertrag regelte die Aufteilung der ehemaligen französischen Gebiete in Nordamerika. Louisiana wurde geteilt; Spanien erhielt den westlichen Teil im Anschluss an seine Kolonien in New Mexico, England bekam den östlichen Teil. Das Ohiogebiet kam zu Kanada, das von nun an der englischen Krone gehörte. So gingen die drei-

Der Sohn William Franklin (1731 – 1813)

zehn englischen Kolonien an der Ostküste leer aus, obgleich sie die englischen Truppen mit ganzer Kraft unterstützt hatten. Das alles erfuhr Franklin aber erst nach seiner Rückkehr in die Heimat.

Inzwischen war der englischen Regierung wieder etwas eingefallen: Die immensen Kriegsschulden sollten durch eine neue Art von Steuer bezahlt werden, der sogenannten Stempelsteuer. Jeder Bürger, der irgendein Schreiben an die Behörde richtete oder ein Dokument benötigte – wie Geburtsurkunde usw. –, musste einen Stempel auf das Papier drücken lassen, damit es überhaupt bearbeitet wurde. Und für diesen Stempel musste eine hohe Gebühr bezahlt werden. Durch Franklins Einsatz in der Kanada-Frage war ihm die Diskussion über diese Steuer im englischen Parlament weitgehend entgangen; die Ungeheuerlichkeit der Idee kam ihm erst voll zu Bewusstsein, als er drei Jahre später wieder in London war.

Noch vor seiner Abfahrt nach Amerika hatte er die Freude, an der Examensfeier seines Sohnes William am College teilzunehmen. Zur allgemeinen Überraschung wurde William Franklin nach seinem Jurastudium in den Staatsdienst übernommen und von George III. als Gouverneur in die Kolonie New Jersey entsandt. Der ihm inzwischen geborene Sohn blieb aber beim Großvater. Schweren Herzens schied Franklin von seinen vielen Freunden in London. Unmittelbar vorher, am 23. August 1762, schrieb er vom Hafen Portsmouth an den Freund Strahan: «Die Anziehungskraft der Vernunft ist gegenwärtig auf der anderen Seite des Wassers, aber die Zuneigung auf dieser Seite ... Nichts wird mich davon abhalten, mich hier anzusiedeln, wenn ich Frau Franklin dazu bewegen kann, mich zu begleiten ...» Die Überfahrt war angenehm, wie wir aus einem späteren Brief wissen, obwohl sie ungewöhnlich lange, bis zum 1. November, dauerte. «Der Grund, warum wir so lange auf hoher See zubrachten, war, dass infolge des Segelns mit Begleitschiffen keines von uns schneller als das langsamste fahren konnte.»

Auf der Reise nach London war Benjamin Franklin seinerzeit von seinem Sohn begleitet worden; jetzt reiste er in der Gesellschaft seines fast dreijährigen Enkels William Temple, für dessen Erziehung und Ausbildung er von nun an sorgte. Dieser Enkel wird später derjenige sein, der das Lebenswerk seines Großvaters für die Nachwelt erhält.

Intermezzo in Philadelphia

Der Zurückkommende wurde von seiner Heimatstadt für den großartigen Verhandlungserfolg mit Dankbarkeit und Jubel gefeiert. Spontan beschloss die Assembly in Philadelphia, Franklin für die in London verbrachte Zeit eine beträchtliche Summe zu schenken, auch im Hinblick auf seine lange Abwesenheit von den eigenen Geschäften. Diese waren allerdings durch seine Frau Deborah auf das beste besorgt worden, kümmerte sie sich doch umsichtig um den Fortgang der Papiermühlen, Druckereien und Zeitungen. Auch für den Umbau des inzwischen erworbenen neuen Hauses, gleichfalls in der Marketstreet, fühlte sich Deborah verantwortlich, wohl auch in der Hoffnung, nun endlich ruhigere Jahre mit ihrem Gatten dort verbringen zu können. An eine solche Ruhe war jedoch wiederum nicht zu denken: Zum einen brachte der kleine Enkelsohn William Temple junges Leben und neue Erziehungsaufgaben ins Haus, und zum anderen wurde Benjamin Franklin sogleich wieder von den öffentlichen Aufgaben stark beansprucht.

Im Frühjahr 1763 stellte sich für Franklin als englischem Generalpostmeister-Stellvertreter die große Aufgabe, die kanadischen Kolonialgebiete in das bestehende Postwesen der «alten» Kolonien einzubeziehen. Benjamin Franklin war inzwischen siebenundfünfzig Jahre alt, ein für die damalige Zeit beträchtliches Alter. Und eine notwendige Inspektionsreise zu den Poststationen bedeutete für ihn, wochenlang auf dem Rücken eines Pferdes durch unwegsames Gelände, über hohe Berge und durch einsame Gegenden zu reiten. Erste Anzeichen von Gicht in den Beinen ließen ihn die Reise bis zum Juni hinauszögern, und in der Tat führte seine Unbeweglichkeit zu zwei folgenschweren Stürzen, sodass es ein Glück war, dass ihn die inzwischen zwanzigjährige Tochter Sarah auf dieser gefahrvollen Expedition begleitete. So zog sich die Inspektionsreise über insgesamt 2500 Kilometer bis in den November 1763 hin. Während seiner Abwesenheit von Pennsylvania hatten sich gewalttätige Übergriffe an den Grenzgebieten zwischen Indianerstämmen und neuen weißen Siedlern ereignet. Den Indianern fehlte seit dem «Frieden von Paris» der Schutz der Franzosen gegen ein Vordringen von englischen Siedlern. Diese fielen nun in die Stammesgebiete ein – mit dem eindeutigen Willen, sich das Land der Indianer anzueignen, was diese nicht widerstandslos geschehen ließen. Die Fanatiker unter den Weißen begründeten ihr brutales Vorgehen gegen die Indianer mit der Auffassung, dass man es mit ungläubigen Heiden zu tun habe, die es zu vernichten gelte.

In ihrem Blutrausch machten einige der Kolonisten letztlich auch nicht Halt vor den christianisierten Indianern um Philadelphia und rotteten sich als Bande im Januar 1764 vor der Stadt zusammen. Die Bevölkerung wurde von Panik ergriffen, doch Franklin, der glücklicherweise in Philadelphia war, behielt seinen klaren Kopf. Er organisierte sofort eine Bürgerwehr, die allerdings nicht zum Einsatz kam, weil er auf Bitten des neuen Statthalters John Penn zusammen mit drei weiteren Männern den Aufrührern entgegentrat. «Die Kampfbereitschaft, die wir zur Schau trugen, und die Vernunftgründe, die wir vorbrachten, bewogen die Aufständischen zur Umkehr.» So dankbar die Bewohner Philadelphias ihrem Retter Franklin wieder einmal waren, so wenig war es der junge Gouverneur John Penn: Neid und Eifersucht ließen ihn Franklins Leistungen nicht anerkennen und führten im Gegenteil dazu, ihn in London bei der Regierung mit diffusen Äußerungen anzuschwärzen. John Penn konnte nicht ahnen, wie schnell sich dieser Giftstachel gegen ihn selber richten würde: Nachdem er bereits im März 1764 die Zustimmung zu einer finanziellen Beteiligung der Eigentümerfamilie Penn (Thomas Penn in London war sein Onkel) an den Milizkosten abgelehnt hatte, beschloss die Assembly, sich an den König in London zu wenden mit der Bitte, er, der König, möge von nun an die Verwaltung der Kolonie selber übernehmen. Dies wäre einer Entmachtung der Familie Penn gleichgekommen. Der Unabhängigkeitskrieg aller Kolonien von 1776 brachte dann den Siedlern ihre Freiheit auf andere Weise.

Um diesen Beschluss der Assembly dem König in London zu unterbreiten, wurde wiederum Benjamin Franklin als Bevollmächtigter der Kolonie nach England gesandt. Wie noch zu schildern sein wird, kam es durch die neuen politischen Konstellationen in London niemals zur Behandlung dieses Antrages.

Sogleich machte sich Franklin reisefertig. Vergeblich bat er Deborah, ihn doch diesmal zu begleiten; aber die Tochter Sarah mochte sie nicht mitfahren lassen. So trat Benjamin Franklin am 7. November 1764 zusammen mit seinem Enkel William Temple die dritte Reise nach London an. Möglicherweise hätte Deborah ihre Angst vor dem Ozean bezwungen, wenn sie geahnt hätte, dass Franklins Mission ihn über zehn Jahre in London festhalten würde. Kurz vor seiner Rückkehr starb Deborah, sodass dieser Abschied im November 1764 ein endgültiger war.

Franklins Kampf gegen die Stempelsteuer

Benjamin Franklin traf am 10. Dezember 1764 als loyaler, das heißt königstreuer Gesandter seiner Heimat in London ein; zehn Jahre später wird er als bitter enttäuschter englischer Untertan und als der freiheitsliebende Amerikaner schlechthin London für immer verlassen.

Nachdem er sich wieder in den vertrauten Räumen bei Mrs. Stevenson eingerichtet hatte, sorgte er für Unterricht und Betreuung seines inzwischen sechsjährigen Enkels. Er selbst wurde sofort von der dramatischen Entwicklung der Kolonialpolitik restlos beansprucht, da dem Unterhaus inzwischen ein Gesetz über die «Stempelsteuer» in den Kolonien zur Beschlussfassung vorlag. Zu dieser Zeit galt in der neuen Regierung unter George III. derjenige Minister als erfolgreich, der die besten Vorschläge machen konnte, um die amerikanischen Kolonien auszubeuten. Und eben jetzt war der Gedanke aktuell, die riesigen Kriegsschulden über eine neue Steuer nur für die amerikanischen Kolonisten zu begleichen. Dieses Vorhaben sollte rasch verwirklicht werden.

Eine solche Stempelsteuer bedeutete ja für die Amerikaner, dass das Papier und der Stempel für jedes Dokument extra von einem englischen Beamten erworben werden mussten. Franklins Empörung gegen diese Sondersteuer für die Kolonisten war grenzenlos. Sofort besuchte er maßgebliche Politiker mit der Absicht, sie umzustimmen. Deren Einfluss reichte jedoch in der Kürze der Zeit nicht aus, um das Gesetz im Unterhaus zu verhindern.

Benjamin Franklin 1766 in London

Auf besonnene Politiker wie Isaac Barré, der die Kolonien bereist hatte, hörte man noch nicht. Mit scharfen Worten geißelte er die Haltung der Regierung, die Kolonisten wie unmündige Kinder zu behandeln, und bezeichnete diese als «Söhne der Freiheit, denn sie flohen vor eurer Tyrannei in ein damals unkultiviertes, ungastliches Land». Am 27. Februar 1765 wurde mehrheitlich dieses für die Zukunft so folgenschwere Gesetz verabschiedet: Am 1. November sollte es in allen Kolonien in Kraft treten.

Nachdem seine Gespräche zunächst erfolglos geblieben waren, griff Benjamin Franklin in bewährter Manier zur Feder. In weisheitsvoller Voraussicht führte er mit eindringlichen Worten den Lesern die Auswirkungen dieses ungerechten Gesetzes vor Augen. Unermüdlich wies er auf das drohende Schwinden des Vertrauens der Menschen zum Mutterland hin; schließlich handelte es sich um selbstständige, freiheitsliebende Bürger, die mit dem Aufbau ihrer Kolonien Großes geleistet hatten. Franklin erkannte, dass sich nicht nur jeder Einzelne diskriminiert fühlen würde, sondern

Diese Karikatur von Benjamin Franklin zeigt das große Britannien wehrlos am Boden – die amerikanischen Kolonien sind abgeschlagen vom Körper; das Segelschiff ohne Mast stellt die englische Regierung dar.

dass auch das gesamte Wirtschaftsleben betroffen sein könnte. Der Borniertheit gewisser Regierungskreise begegnete Franklin mit beißender Ironie und humorvoller Übertreibung, an der viele Leser das Abwegige der politischen Maßnahmen erkannten.

Einige Wochen später ließ Premierminister Grenville Franklin und weitere Gesandte anderer Kolonien zu sich rufen, «um uns anzuvertrauen, dass er die Durchführung des Gesetzes für die Amerikaner so wenig unbequem und unangenehm wie möglich machen möchte, deshalb denke er nicht daran, Stempelbeamte von hier zu senden, sondern wünschte, dass verständige und angesehene Personen aus der Einwohnerschaft der Provinz ernannt würden, die der Bevölkerung selbst annehmbar erschienen. Herr Grenville wäre uns für die Bekanntgabe von ehrlichen und verantwortungsvollen Männern verpflichtet und würde unseren Ernennungsvorschlägen große Bedeutung schenken.» Es bleibt unverständlich, weshalb Franklin an dieser Stelle seinen Freund John Hughes nannte, erweckte er doch damit den Eindruck, das Gesetz inzwischen zu akzeptieren. Merkwürdig kann es auch erscheinen, dass er nun seine Landsleute falsch einschätzte; denn er war über die Leidenschaft überrascht, mit der sie gegen die Stempelsteuer vorgingen.

In London schien sich diese ganze Angelegenheit beruhigt zu haben, sodass Franklin den Zeitpunkt für gekommen hielt, seinen ursprünglichen Auftrag zu erfüllen. Um die Bitte der Assembly dem König vortragen zu können, die Regierung in Pennsylvania zu übernehmen, erbat er eine Audienz. Schon diese wusste die mächtige Penn-Familie zu verhindern, sodass es nie zu einer Erfüllung seines Auftrages kam. Und in Philadelphia streute John Penn das Gerücht, die Idee zur Stempelsteuer stamme von Benjamin Franklin. Etliche Menschen glaubten diesen Unsinn und zogen empört vor Franklins Haus, das die tapfere Deborah mit Freunden verteidigte.

Ein halbes Jahr später steht Franklin wieder voll im Kampf gegen die Stempelsteuer. In London gab es nämlich für die Sache der Kolonien einen Lichtblick, nachdem die Regierung Grenville durch den umgänglicheren Lord Rockingham abgelöst worden war; Franklin pflegte zu dessen Staatssekretär Edmund Burke freundschaftlichen Kontakt. Und der ehemalige Premier William Pitt setzte sich im Unterhaus für die Belange der Amerikaner vehement ein, sodass es ihm und Burke gelang, Franklin als Vertreter der Kolonien zu einer Befragung durch das Unterhaus vorzuladen. Er sollte dort den über vierhundert Abgeordneten Großbritanniens Rede und Antwort stehen über die Auswirkungen der Steuergesetze in seiner Heimat. Aus dem Protokoll der Sitzung vom 13.2.1766 ist klar zu entnehmen, wie geschickt und geistesgegenwärtig Franklin über viele Stunden den eindringlichen Fragen aus allen Richtungen standhielt. Die Gepflogenheiten des Unterhauses waren ihm von seinen häufigen Besuchen auf der Zuschauertribüne wohl vertraut, und viele der Abgeordneten kannte er persönlich, oder er wusste von ihrer Haltung Amerika gegenüber. Ruhig stand Benjamin Franklin vor dem Tisch, an dessen anderem Ende der «Speaker» die Befragung zu leiten hatte, und führte den Abgeordneten ohne Umschweife die Situation seiner Heimat klar vor Augen. Franklins souveräne Position in diesem «Dialog» mit Hunderten von Volksvertretern sucht seinesgleichen! Und das Ergebnis der darauf folgenden Abstimmung war sensationell: Mit 275 zu 167 Stimmen wurde die Stempelsteuer wieder abgeschafft!

Das Protokoll dieser Sitzung des Unterhauses wurde bald als Extra-Broschüre gedruckt und sowohl in England wie auch in Nordamerika und Frankreich mit begeisterter Anerkennung, die wir durchaus nachvollziehen können, gelesen.

Zweiter Exkurs: Die Rebellion der Kolonisten

Wir Heutigen können kaum nachvollziehen, dass zu Franklins Lebzeiten Nachrichten über den Atlantik wochenlang unterwegs waren. Das schnellste Segelschiff benötigte damals mindestens vier Wochen; eine andere Verbindung gab es nicht. Und so erfuhr man in London 1765 erst lange nach den Vorfällen, was sich an dramatischen Ereignissen in den Kolonien nach dem Bekanntwerden des Stempelsteuergesetzes abgespielt hatte.

Man kann verstehen, dass sich bei den Bürgern Unmut und Zorn angestaut hatten, doch – wie oft in solchen Fällen – nutzten beredte Fanatiker die Stimmung, sodass die brutalen Übergriffe und Exzesse letztlich auf deren Konto gingen. Man stürmte die Büros der englischen Steuerbeamten, bemächtigte sich des Stempelpapiers und verbrannte es, und man machte eben auch vor den Beamten nicht Halt. Am schlimmsten wütete Samuel Adams in Boston mit seinen Anhängern, die sich «Söhne der Freiheit» nannten.

Unterdessen kam von der Assembly der Vorschlag an die Bevölkerung, keine englischen Waren mehr zu beziehen. Da aber so gut wie alle Produkte aus England kamen, wobei eine eigene Fabrikation den Kolonien bisher untersagt worden war, wurde dieser sich ständig ausweitende Boykott zu einer entscheidenden Waffe im Kampf der Amerikaner um ihre Selbstständigkeit.

Im Oktober 1765 trafen sich in New York gewählte Vertreter der Kolonien, um gemeinsam ihren Protest gegen die ungerechte Steuerpolitik Londons zu formulieren. Auf diesem Treffen, später auch als erster Kontinentalkongress bezeichnet, hielt man an dem Grundrecht der Kolonien fest, über ihre Steuern im Innern allein abzustimmen. Der Kongress übernahm auch Franklins Losung: «No taxation without representation!» (Das meint: Keine Steuern ohne Mitspracherecht in London!)

Thursday, October 31, 1765. THE NUMB. 1195.

THE PENNSYLVANIA JOURNAL; AND WEEKLY ADVERTISER.

EXPIRING: In Hopes of a Resurrection to LIFE again.

I AM sorry to be obliged to acquaint my Readers, that as The STAMP-ACT, is fear'd to be obligatory upon us after the *First of November* ensuing, (the *fatal To-morrow*) the Publisher of this Paper unable to bear the Burthen, has thought it expedient to stop a while, in order to deliberate, whether any Methods can be found to elude the Chains forged for us, and escape the insupportable Slavery; which it is hoped, from the just Representations now made against that Act, may be effected. Mean while, I must earnestly Request every Individual of my Subscribers, many of whom have been long behind Hand, that they would immediately Discharge their respective Arrears, that I may be able, not only to support myself during the Interval, but be better prepared to proceed again with this Paper, whenever an opening for that Purpose appears, which I hope will be soon. WILLIAM BRADFORD.

And in all political Disorders the more contented we are under them, so much the worse are they, and so much the worse are we for them. It is a very happy Circumstance attending public Virtue and public Spirit, that the more it is vilified, the more illustrious it always appears. No Falshood formed against it can prosper, for it at once detects and confutes the darkest and most inveterate Calumny. [...]

A Day, an Hour of virtuous Liberty,
Is worth a whole Eternity in Bondage.

That Glory then, the brightest Crown of Praise,
Which every Lover of his Country's Wealth,
And every Patron of Mankind deserves;
Will gracefully adorn such Patriot's Deeds,
And leave behind an Honour that will last
With Praise immortal to the End of Time.

Adieu, Adieu to the LIBERTY of the PRESS.

An Emblem of the Effects of the STAMP.

Am Tag der Einführung des Stempelgesetzes erschien diese Zeitung mit Trauerrand und Totenkopf.

August 1764: Die Amerikaner widersetzen sich dem Stempelgesetz und verbrennen in Boston das englische Stempelpapier.

Eine zeitgenössische Karikatur: Das englische Stempelgesetz wird zu Grabe getragen.

Nachdem sich schließlich im Frühjahr 1766 Franklins grandioser politischer Erfolg herumgesprochen hatte, beruhigte sich die Lage in den Kolonien wieder, und die Kolonisten fühlten sich in ihrer Rechtsauffassung voll bestätigt.

Die Ruhe währte jedoch nicht lange; erstes Anzeichen eines neuen Kampfes war das «Massaker von Boston» im März 1770. Wie so oft in der Geschichte löste ein relativ unbedeutendes Ereignis eine Folge von sich gegenseitig steigernden Vorfällen aus. Nachdem der englische König, diesmal auf Druck umsatzgeschädigter englischer Hafenstädte, seinen erneuten Versuch, die Kolonien durch weitere Steuern zu schröpfen, abbrechen musste, machte sich bei den Kolonisten eine überheblich-antipathische Einstellung gegen das Mutterland breit. In Boston waren zusätzlich zwei englische Regimenter stationiert worden, um die Steuerabsichten der Regierung durchzusetzen. Der Unmut darüber vermischte sich mit dem Hohn über den Rückzieher des Königs und entlud sich am 5. März 1770 in

Das «Boston Massacre» aus der Feder von Paul Revere als Flugblatt.

tumultuarischen Szenen gegen die englischen Wachsoldaten. Man bewarf sie mit Eiszapfen, man bedrängte die Soldaten und forderte lautstark ihre Entwaffnung. Von englischer Seite fiel ein Schuss, und es entstand eine Panik, in deren Verlauf fünf Menschen getötet wurden. Die Zeichnung des Silberschmiedes Paul Revere machte in «geschickter» Weise aus diesem Vorfall einen «Angriff des englischen Militärs auf wehrlose amerikanische Bürger» und schürte damit in bewährter Manier den Hass auf England. Hierzu trug die uneinsichtige englische Regierung ebenso bei wie die fanatischen «Söhne der Freiheit» um S. Adams und andere.

In völliger Kurzsichtigkeit bestand London nun auf dem Recht, Steuererhebungen in den Kolonien weiterhin geltend zu machen, und beharrte auf einer an sich unbedeutenden Teesteuer, wo-

Siedler setzen sich 1773 gegen das britische Teemonopol zur Wehr, indem sie den angelieferten Tee ins Meer schütten.

raufhin sich die Kolonisten mit Schmuggelware versorgten. Das führte zu riesigen Einbußen der englischen Monopolgesellschaft, die schließlich ihre Ware weit unter Preis anbieten musste. Doch nun weigerten sich die Hafenarbeiter in Boston, von den «Freiheitssöhnen» angestachelt, die englischen Teeschiffe zu entladen. Am 16. Dezember 1773 überfielen als Indianer maskierte Männer diese Schiffe und warfen die wertvollen 342 Teeballen und Kisten ins Meer. So unsinnig diese Handlungen scheinen, so ergeben sie doch auf beiden Seiten des Atlantiks durch die jeweilige Übertreibung der Reaktionen den auslösenden Funken für den Feuersturm des Unabhängigkeitskrieges. Der Überfall vom 16. Dezember 1773 ging als «Bostoner Tea-Party» in die Geschichtsbücher ein.

Franklins Bruch mit London

Während der geschilderten brisanten Ereignisse unternahm Benjamin Franklin in seiner Eigenschaft als Vertreter der nordamerikanischen Kolonien alles nur Menschenmögliche, um die Trennung vom Mutterland zu verhindern. Wieder versuchte er mit all seinen journalistischen Mitteln – Wort, Schrift, Satire und Karikatur –, die Leser von den berechtigten Interessen seiner Landsleute zu überzeugen. Seine Stellung als Botschafter in London war in den Augen der Engländer je nach Wirkung der Nachrichten aus Amerika äußerst ambivalent; galt er doch der englischen Regierung als Landesverräter, und vielen fanatischen Amerikanern erschien er zu englandfreundlich. Nur ein gradliniger, fester, aber auch einfühlsamer Charakter konnte sich in dieser prekären Lage behaupten. Zu seinem Schmerz musste er immer mehr wahrnehmen, dass die Bereitschaft zur Verständigung und Toleranz auf beiden Seiten schwand. Viele zwischenmenschliche Beziehungen zerbrachen daran; zu seinen wirklichen Freunden blieb jedoch das Verhältnis auch in diesen stürmischen Jahren ungetrübt bestehen.

Wie bereits erwähnt, schleppten sich Franklins Verhandlungen mit der englischen Regierung über Jahre hin. Und wie so oft im Leben hatten diese Schattenseiten auch ihr lichtes Gegenstück. So gaben ihm die großen Verhandlungspausen Gelegenheit für seine persönlichen Interessen. Beispielsweise unternahm er in den Jahren 1767 bis 1773 verschiedene Reisen nach Irland, Wales und Schottland; jetzt war auch Gelegenheit, Einladungen nach

Hannover und Göttingen zu folgen. Sein wissenschaftliches und kulturhistorisches Interesse führte ihn auch zweimal für mehrere Wochen nach Paris. In Paris, wo seine Leistungen als Physiker unvergessen waren, kam man ihm mit größter Hochachtung entgegen. Die Nachricht über seine Ankunft verbreitete sich; jeder wollte den berühmten Mann kennenlernen, und eine Einladung folgte der anderen. Auch in Versailles war Franklin am Königshof zu Gast. Wenn wir uns seine Wirkung auf die Franzosen vergegenwärtigen wollen, tun wir gut daran, uns den Gegensatz zwischen Franklins schlicht-vornehmer Kleidung aus gediegenem Wolltuch und der höfischen Welt der gepuderten Perücken, der hohen Schnallenschuhe, der Spitzen und Rüschen vorzustellen. Benjamin Franklin, der in seinem langen Leben mit allen sozialen Schichten in intensive Berührung gekommen war, wusste sich auch hier frei zu bewegen. Sein Eindruck auf die Menschen in Frankreich wurde in den folgenden Jahren durch den französischen Botschafter in London lebendig gehalten, der nicht müde wurde, in seinen Berichten den lauteren Charakter des Amerikaners zu würdigen. Franklin seinerseits konnte nicht ahnen, dass er in Paris den Schauplatz betreten hatte, auf dem sich später der Höhepunkt seines politischen Wirkens abspielen sollte.

Es gehört zu einem vollständigen Bild, dass Franklin in jenen schweren Jahren trotz allem Zeit und innere Ruhe fand, sich auch wissenschaftlichen und literarischen Themen zu widmen. Mehrere Überarbeitungen seiner Aufsätze fielen in diese Londoner Jahre, und im Sommer 1771 begann er auf Anregung eines Freundes mit der Niederschrift seiner Autobiografie. So sehen wir Franklin in diesen Sommermonaten im Garten der Familie des anglikanischen Bischofs Shipley in Twyford sitzen und auf sein fünfundsechzigjähriges Leben zurückblicken. Das milde Klima dieser südenglischen Landschaft tat seinem alten, gichtgeplagten Körper gut, und der für diese Zeit gewonnene Abstand von der großen Politik gab ihm die Ruhe, an dem für die Nachwelt so bedeutenden Stück Literatur zu arbeiten. Nach allgemeiner Auffassung gebührt

Franklin vor dem Kronanwalt Wedderburn am 29. Januar 1774

Franklins *Autobiografie* der Ruhm der ersten amerikanischen Lebensbeschreibung. Sie zählt neben J. J. Rousseaus *Bekenntnissen* (1782) und Goethes *Dichtung und Wahrheit* (1811 – 1813) zu den bewegendsten und markantesten Darstellungen aus dem Leben des 18. Jahrhunderts.

Der Bruch mit London wurde dadurch unabwendbar, dass Franklin sein «Fehlverhalten» in einer bestimmten Angelegenheit öffentlich zugab: Es waren ihm bereits vor zwei Jahren Briefe des Gouverneurs von Massachusetts, Thomas Hutchinson, zugespielt worden, aus denen ersichtlich war, dass dieser London zu verschärftem Vorgehen gegen die eigenen Landsleute aufforderte, nachdem sie ihn als königstreuen Beamten angegriffen hatten. Franklin als Vertreter der Assembly von Massachusetts glaubte, den Sachverhalt aufklären zu müssen, und sandte die Briefe nach Boston, wo sie wie Öl aufs Feuer wirkten. Daraufhin forderte die Assembly die Absetzung des Gouverneurs durch den englischen König. In London wurden hochrangige Politiker verdächtigt, diese

Indiskretion begangen zu haben, was Franklin veranlasste, sich sofort öffentlich zu der Tat zu bekennen. Als unmittelbar danach in London die Vorkommnisse der «Tea-Party» bekannt wurden, steigerte sich die latente Gegnerschaft zum offenen Angriff auf Benjamin Franklin. Am 29. Januar 1774 wurde die Verhandlung über die Absetzung des Gouverneurs zum Tribunal gegen Franklin. Der wegen seiner Rhetorik und Schärfe gefürchtete Kronanwalt, Alexander Wedderburn, ließ die Motive völlig beiseite und stellte lediglich die unrechtmäßige Weitergabe der Briefe ins grelle Licht, was zur Folge hatte, dass Hutchinson nicht abgesetzt wurde. Der einstündigen rhetorischen Attacke des Anwalts begegnete der nun Angeklagte mit Schweigen, denn was zu sagen war, hatte er öffentlich gesagt. Um Franklins Bild in London weiter zu trüben, wurde Wedderburns Rede von der Regierung als Sonderdruck verteilt und gleichzeitig wurde Franklin vom König seines Amtes als Generalpostmeister enthoben. Benjamin Franklin wurde bewusst, dass ein fruchtbares Wirken in London nicht länger möglich war, auch wenn seine Freunde und manche Politiker, wie William Pitt und Edmund Burke, weiterhin zu ihm hielten. Seine persönliche Betroffenheit konnte ihm den Blick nicht trüben für die großen politischen Zusammenhänge; er sah voraus, dass durch die Uneinsichtigkeit der englischen Regierung die Lösung der Kolonien vom Mutterland die unausweichliche Folge sein würde. In diesem Bewusstsein verließ Franklin, der vor nunmehr zehn Jahren als königstreuer Gesandter nach London gekommen war, England 1775 als ein nach Unabhängigkeit strebender Amerikaner.

Der greise Revolutionär

In den Monaten von Mai 1775 bis Oktober des folgenden Jahres, dem Zeitpunkt seiner Berufung als Botschafter nach Paris, war Benjamin Franklin der amerikanische Politiker, der die Weichen für die Zukunft des jungen, neuen Staates stellte. Seine Ideen für das politische, soziale und wirtschaftliche Leben waren richtungsweisend und schicksalsbestimmend für die «Vereinigten Staaten» von Nordamerika.

Die zahlreichen Aktivitäten des nunmehr Siebzigjährigen können unmöglich in Kürze geschildert werden; wir werden deshalb nur einiges herausgreifen: Bereits fünf Tage nach seiner Rückkehr aus London wählten ihn die Bürger von Pennsylvania zu ihrem Vertreter. – Die Dringlichkeit der Einberufung eines zweiten Kontinental-Kongresses in Philadelphia war die Folge eines erneuten heftigen Zusammenpralls englischer Truppen mit bewaffneten Siedlern. Als mittelbare Folge der «Tea-Party» war es am 19. April 1775 in Boston zu einer Schießerei gekommen – und so, wie eine Lawine durch kleinste Ursachen ins Rollen kommen kann, wurde daraus der Beginn des Befreiungskrieges der Kolonien. Seinerzeit waren lediglich Teeballen vernichtet worden; jetzt aber waren von achthundert stationierten englischen Soldaten über vierhundert tot oder verwundet auf dem Schlachtfeld vor der Stadt liegen geblieben. Wegen der zu erwartenden schweren Strafmaßnahmen Londons trafen sich die Vertreter der Kolonien in Philadelphia. Dem Kongress wurde sofort klar, dass nun die endgültige Trennung vom Mutterland angesagt war, und die Selbstständigkeit bedeutete für die fünfundachtzig Vertreter der Kolonien die Übernahme der staatlichen Verantwortung, wie sie bisher von den englischen Beamten ausgeübt worden war. Dies verlangte großes Geschick, Weitsicht und Tatkraft, und man sah das alles in der Persönlichkeit von Benjamin Franklin verkörpert, von dem man sich die Lösungen der großen anstehenden Probleme erhoffte. Von nun an kamen Monat für Monat neue und schwierigere Aufgabenbereiche für Franklin hinzu, und der alte, weise Mann gab seine ganze Kraft und sein freiheitsliebendes Herz da hinein.

Schon im Mai 1775 wurde er Staatssekretär für das Postwesen, dessen Bedeutung für den Zusammenhalt der Menschen in den Kolonien wir gar nicht hoch genug einschätzen können, stellte doch der Brief das einzige Kommunikationsmittel dar. Auch mit dem Druck von eigenen amerikanischen Banknoten wurde Franklin betraut, und bereits im Juni 1775 übernahm er den Vorsitz des «Sicherheitskomitees» seiner Kolonie Pennsylvania.

In den folgenden Wochen bereitete er unentwegt die Verteidigung seiner Kolonie gegen zu erwartende englische Angriffe vor, und zwar bis in Einzelheiten wie den Bau von Sperrgittern vor der Hafeneinfahrt oder die Verteilung von Spießen für die Landwehr. Gleichzeitig aber wollte er das Schlimmste verhüten und versuchte, durch freundliche Briefe an seine Bekannten in London auch auf die wirtschaftliche Seite dieser rabiaten Kolonialpolitik hinzuweisen, indem er klarmachte, dass der Kampf die Engländer bereits drei Millionen Pfund Sterling gekostet habe. In London aber war inzwischen der Beschluss gefasst worden, die blutige Schießerei bei Boston mit einer großen Armee zu rächen. Hiermit war der Bruch vollkommen und zog sich von nun an auch durch die menschlichen Beziehungen zwischen England und Amerika. Benjamin Franklin beispielsweise entschloss sich daraufhin, seine Freundschaften zu englischen Politikern abzubrechen. Dem royalistischen Abgeordneten Strahan schrieb er: «Philadelphia, 5. Juli 1775. Mr. Strahan, Sie sind Parlamentsmitglied und gehören zu jener Mehrheit, die mein Land zur Zerstörung verurteilt hat. Sie

Symbolische Zeichnung von Franklin zu dem Wahlspruch: «Vereinigt euch oder geht zugrunde.» Die Abkürzungen beziehen sich auf die dreizehn Kolonien.

haben begonnen, unsere Städte zu verbrennen und unser Volk zu töten. Betrachten Sie Ihre Hände! Sie sind befleckt mit dem Blut Ihrer Verwandten! Sie und ich waren lange Zeit Freunde: Sie sind jetzt mein Feind ...»

Bei seinen eigenen Landsleuten suchte Franklin ein Bewusstsein dafür zu wecken, dass die ersehnte Freiheit nur zu erreichen sei, wenn sie sich zusammenschließen würden. Hierfür griff er auch wieder zur Feder und verfasste unter anderem den berühmten Cartoon «Join, or Die». Dieses «Verbündet euch oder geht zugrunde» war seine radikale Aufforderung an die dreizehn Staaten, sich zusammenzuschließen. Für Franklin war es klar, dass alle Kolonien Verteidigungstruppen zu stellen hätten und dass dies nicht nur eine Sache der unmittelbar Angegriffenen sein könne. Um diesem Gedanken Nachdruck zu verleihen, setzte er wieder einmal die Kraft seiner Persönlichkeit ein und bereiste verschiedene Kolonien, um vor Ort zu den Menschen zu sprechen. So erfuhr die bisherige «Freiwilligen-Armee» unter dem Kommando des Pflanzers George Washington die notwendige Verstärkung.

Der Konflikt zwischen England und Amerika zog sich selbstverständlich bis in viele Familien hinein, denn nicht jeder war bereit, sich auf das Abenteuer «Freiheit» voll und ganz einzulassen. Der alte Franklin musste erleben, dass sich sein Sohn nicht auf die Seite der «Neuen Welt» stellte; er war ja englischer Gouverneur in New Jersey und blieb königstreu bis an sein Lebensende.

Ende 1775 wurde Franklin in ein geheimes Komitee gewählt, das diskret Verhandlungen mit einem Vertreter Frankreichs führte mit dem Ziel, Frankreich als Bündnispartner gegen England zu gewinnen. Aber obgleich Frankreich durch den «Frieden von Paris», bei dem es Kanada verloren hatte, in dieser Sache ein natürlicher Gegner Englands war, traute man sich in Versailles noch nicht, die Amerikaner offiziell zu unterstützen. Da die Gespräche mit dem heimlich angereisten französischen Gesandten zu keinem Ergebnis führten, versuchte Franklin selber, auf den französischen Königshof einzuwirken. Seine Briefe schleuste er über Spanien und Holland an der englischen Blockade vorbei dem ihm persönlich wohlgesonnenen Außenminister Vergennes zu. Doch auch dieser Vorstoß war zunächst vergeblich; Paris konnte sich nicht entschließen, «Rebellen» – zu denen der englische König die Amerikaner offiziell im August abgestempelt hatte – zu unterstützen.

Im Januar des neuen Jahres musste sich Benjamin Franklin von der nunmehr verstärkt auftretenden Gicht belehren lassen, dass er ein alter kranker Mann war. Er zog sich von allen Geschäften zurück und verbrachte seinen siebzigsten Geburtstag zusammen mit seiner Tochter Sarah und deren Familie in seinem neuen Haus in der Market-Street. Endlich hatte er wieder einmal Zeit, wenn auch unter großen Schmerzen, sich seiner geliebten Bibliothek zuzuwenden. Aber schon im Februar war er wieder bereit, im Auftrag des Kongresses nach Kanada zu reisen, um auch die Bewohner dieser Gebiete für den Freiheitskampf zu gewinnen. Die Reise war außerordentlich gefahrvoll: Tiefer Schnee und vereiste Wege erschwerten

Benjamin Franklin und John Adams bei der Arbeit an Jeffersons Entwurf der Unabhängigkeitserklärung.

das Fortkommen mit Pferd und Schlitten, und auf dem Rückweg im April barg das beginnende Tauwetter erneute Gefahren. Immer wieder waren längere Pausen nötig; diese Reise brachte ihn an den Rand seiner Lebenskräfte. Sie war obendrein auch vergeblich; Franklin musste dem Kongress die Ablehnung der in Kanada lebenden Kolonisten überbringen; sie waren nicht bereit, sich den dreizehn Kolonien anzuschließen. Die Vertreter der dreizehn Kolonien ließen sich auch davon nicht entmutigen, sondern fassten im Juni 1776 den Entschluss, mit einer Unabhängigkeitserklärung der ganzen Welt ihren Willen zur Freiheit zu dokumentieren. Die einstimmig am 2. Juli 1776 angenommene «Declaration of Independence» beginnt mit den Worten: «Wenn es im Zuge der Menschheitsentwicklung für ein Volk notwendig wird, die politischen Bande zu lösen, die es mit einem anderen Volke verknüpft haben, und unter den Mächten der Erde den selbstständigen und gleichberechtigten Rang einzunehmen, zu dem Naturrecht und göttliches Gesetz es

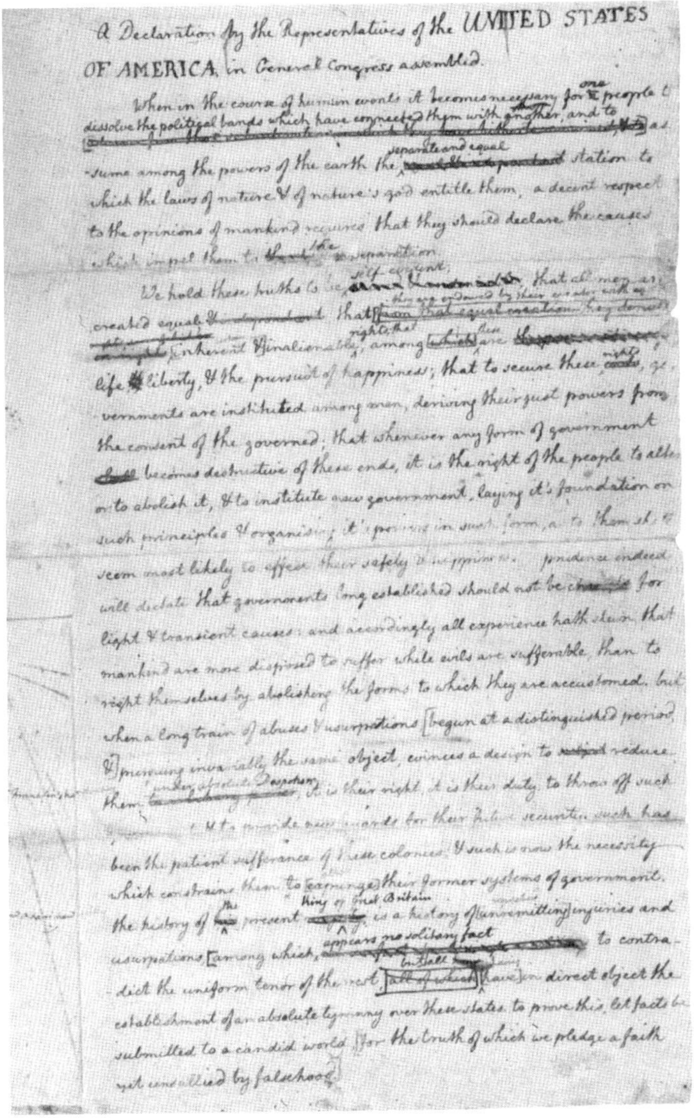

A Declaration by the Representatives of the UNITED STATES
OF AMERICA, in General Congress assembled.
When in the course of human events it becomes necessary for one people to dissolve the political bands which have connected them with another, and to assume among the powers of the earth the separate and equal station to which the laws of nature & of nature's god entitle them, a decent respect to the opinions of mankind requires that they should declare the causes which impel them to the separation.
We hold these truths to be self-evident; that all men are created equal, that they are endowed by their creator with inherent & inalienable rights; that among these are life, liberty, & the pursuit of happiness; that to secure these rights, governments are instituted among men, deriving their just powers from the consent of the governed; that whenever any form of government becomes destructive of these ends, it is the right of the people to alter or to abolish it, & to institute new government, laying it's foundation on such principles & organising it's powers in such form, as to them shall seem most likely to effect their safety & happiness. prudence indeed will dictate that governments long established should not be changed for light & transient causes: and accordingly all experience hath shewn that mankind are more disposed to suffer while evils are sufferable, than to right themselves by abolishing the forms to which they are accustomed. but when a long train of abuses & usurpations [begun at a distinguished period, &] pursuing invariably the same object, evinces a design to reduce them under absolute Despotism, it is their right, it is their duty to throw off such government & to provide new guards for their future security. such has been the patient sufferance of these colonies; & such is now the necessity which constrains them to [expunge] their former systems of government. the history of the present King of Great Britain is a history of [unremitting] injuries and usurpations, [among which appears no solitary fact to contradict the uniform tenor of the rest, but all have] in direct object the establishment of an absolute tyranny over these states. to prove this, let facts be submitted to a candid world [for the truth of which we pledge a faith yet unsullied by falsehood]

Der handgeschriebene Entwurf zur Unabhängigkeitserklärung von Thomas Jefferson mit den Veränderungen seiner Kollegen.

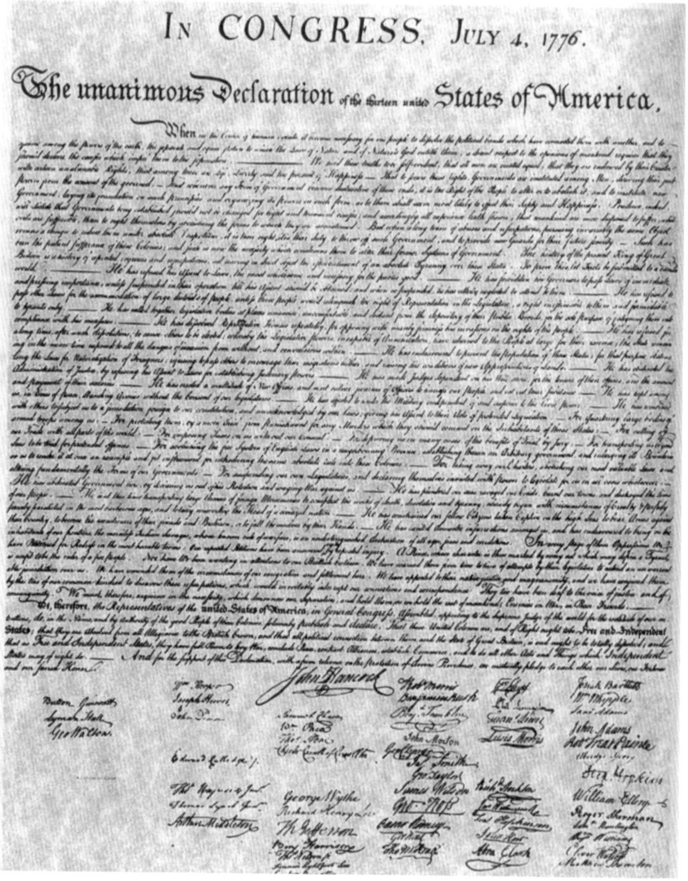
IN CONGRESS, JULY 4, 1776.

The unanimous Declaration of the thirteen united States of America,

Die Unabhängigkeitserklärung der Vereinigten Staaten von Amerika. Auch Benjamin Franklins Unterschrift steht auf dem Papier.

berechtigen, so erfordert eine geziemende Rücksichtnahme auf die Meinung der Menschheit, dass es die Gründe darlegt, die es zu der Trennung veranlassen.»

Es folgt in der Erklärung der Abschnitt, der zum ersten Mal die Rechte aller Menschen feststellt: «Folgende Wahrheit erachten wir als selbstverständlich: Dass alle Menschen gleich geschaffen sind; dass sie von ihrem Schöpfer mit gewissen unveräußerlichen Rechten ausgestattet sind ... So haben diese Kolonien geduldig ausgeharrt, und so stehen sie jetzt vor der zwingenden Notwendigkeit, ihre bisherige Regierungsform zu ändern.» Es werden ausführlich die Verfehlungen der englischen Krone geschildert, und die Deklaration gipfelt in der Feststellung: «Daher tun wir, die in einem gemeinsamen Kongress versammelten Vertreter der Vereinigten Staaten von Amerika, ... feierlich kund ..., dass diese vereinigten Kolonien freie und unabhängige Staaten sind und es von Rechts wegen bleiben sollen.» Am 8. August 1776 wurde dieses Dokument in einer Feierstunde von allen 85 Vertretern unterzeichnet. Seit diesem Tage war der Menschheit eine Wahrheit zum Bewusstsein gekommen, die von nun ab als Richtschnur für alles politische und gesellschaftliche Handeln dienen sollte.

Benjamin Franklin hatte zu dem fünfköpfigen Komitee gehört, das unter der Leitung des 32-jährigen Rechtsanwaltes Thomas Jefferson aus Virginia in achtzehn Tagen diese Erklärung ausarbeitete. Wenig ist über seine Formulierungsbeiträge bekannt, doch steht fest, dass der freiheitliche Geist und der Wille zur Unabhängigkeit in diesem Meilenstein der Geschichte vorrangig durch ihn geprägt wurde. Der Freiheitswille und die Unterzeichnung des Dokuments bedeutete aber nicht, dass damit nun auch die Unabhängigkeit faktisch erreicht war. Sieben Jahre vergingen noch, bis England die Vereinigten Staaten von Amerika anerkannte. Zuvor war es in mehreren Schlachten entscheidend geschlagen worden, woran wiederum Benjamin Franklin bedeutenden Anteil hatte. Um des Zusammenhanges willen haben wir vorausgegriffen; im Folgenden werden wir auf Einzelheiten dieser sieben Jahre eingehen.

«Der» Amerikaner in Paris

Schon in den Tagen der Unterzeichnung der Unabhängigkeitserklärung war den Kongressmitgliedern klar, dass eine Ausweitung der Kämpfe zu einem Krieg unvermeidlich sein würde, denn inzwischen hatten die Engländer New York erobert und George Washington mit seiner Freiwilligen-Armee in die Defensive gedrängt. Diese neue Stärke der englischen Truppen beruhte auf dem Einsatz von gepressten hessischen Männern, die von ihrem Landesfürsten in menschenunwürdigster Weise als Soldaten verkauft worden waren. Was Friedrich Schiller in seinem Drama «Kabale und Liebe» (geschrieben 1782) schildert, das war hier blutige Realität.

In dieser Situation mussten die Vereinigten Staaten nach Verbündeten suchen, und der Blick ging wieder nach Frankreich. Der Kongress drängte darauf, durch persönliche Vertreter in Paris die Unterstützung des Königs zu gewinnen, und im September 1776 wurden drei gleichberechtigte Botschafter ernannt: neben Benjamin Franklin noch Silas Deane, der bereits geschäftlich in Paris weilte, und Arthur Lee, welcher sich noch in London aufhielt. So wurde Franklin der Überbringer der revolutionären Unabhängigkeitserklärung und der formulierten Menschenrechte nach Europa.

Im Oktober 1776 packte Benjamin Franklin wieder seine Koffer und Kisten und reiste in Begleitung des jetzt siebzehnjährigen Enkels William Temple nach Frankreich, wohin er auch den siebenjährigen Sohn seiner Tochter Sarah Bache mitnahm, um ihn

Marquis de Vergennes (1717 – 1787), Außenminister von Ludwig XVI.

dort auf eine gute Schule schicken zu können. Nach einer langen Überfahrt in Winterstürmen erreichten sie die französische Küste, ohne von den englischen Kriegsschiffen gesichtet worden zu sein. Es war, als hätte Frankreich auf diesen Menschen gewartet, denn überall begegnete man ihm mit großer, freudiger Begeisterung, die sowohl dieser Individualität als auch den Freiheitstaten der Amerikaner galt. In Benjamin Franklin sahen die Franzosen den Botschafter eines neuen Zeitalters – nicht ahnend, dass der Freiheitsfunke schon dreizehn Jahre später in ihrem eigenen Land aufflammen würde. Am 20. Dezember 1776 überreichte er in Versailles dem Außenminister Vergennes sein Beglaubigungsschreiben als Botschafter.

Seine Erfahrungen als Geschäftsträger in London sagten ihm, dass auch diese Mission in Paris nicht in Kürze zu erfüllen sein würde. So mietete er eine große Villa in Passy, einem ländlichen Vorort von Paris. Dieses Domizil wurde sofort zum Anlaufpunkt aller an der Sache Amerikas Interessierten, aber vielen Besuchern

Passy, ländlicher Vorort von Paris, im 18. Jahrhundert

ging es auch einfach darum, Benjamin Franklin kennenzulernen. In der ländlichen Abgeschiedenheit fand Franklin dennoch immer wieder Kraft, die große Aufgabe, derentwegen er und die beiden jungen Gesandten vom amerikanischen Kongress hergeschickt worden waren, in Ruhe zu bedenken. Das Ziel sollte sein, für Amerika Waffen, Munition, Geld und möglichst auch Soldaten und Offiziere zu erwirken. Franklin wusste, was es heißt, als Bittsteller über Jahre an einem Königshof auszuharren! Und er wusste auch, dass er der französischen Regierung viel Zeit lassen musste – ein Gesichtspunkt, für den seine beiden in der Diplomatie unerfahrenen Partner kein Verständnis haben konnten. Ihm aber war klar, dass König Ludwig XVI. für die Unterstützung der amerikanischen «Rebellen» nur gewonnen werden konnte, wenn er für Frankreich darin einen Vorteil sähe.

Wenn wir uns fragen, welches Motiv es für Ludwig XVI. überhaupt geben konnte, Gegner der Monarchie zu unterstützen, so dürfen wir vermuten, dass es neben der permanent angestrebten

In dieser Villa residierte Franklin während seines Aufenthalts in Frankreich.

Schädigung Englands die vage Hoffnung war, die französischen Kolonien in Nordamerika wiederzugewinnen. Franklin sah voraus, dass Frankreichs Hilfeleistung von militärischen Erfolgen der Armee George Washingtons abhängen würde. Und tatsächlich: Als die Nachricht von der Kapitulation einer englischen Armee unter General Burgoyne bei Saratoga (nördlich von New York) in Paris eingetroffen war, wendete sich das Blatt. General Horatio Gates hatte die englischen Truppen vernichtend geschlagen; unter den vielen Opfern waren auch über 1400 hessische Soldaten. Nun war es für Franklins diplomatisches Geschick leichter, die Regierung in Versailles zu einem Beistands- und Handelsvertrag zu bewegen.

Auch für England hatte sich die Lage durch die verlorene Schlacht von Saratoga verändert: Über Mittelsmänner ließ man Franklin wissen, dass London bereit sei, seinen amerikanischen Kolonien den rechtlichen Status von 1763 – also ohne die vielen Steuergesetze – wieder zuzuerkennen. Von einer Anerkennung

Franklin erhält als Gesandter des amerikanischen Freistaats seine erste Audienz in Frankreich zu Versailles am 20. März 1778.

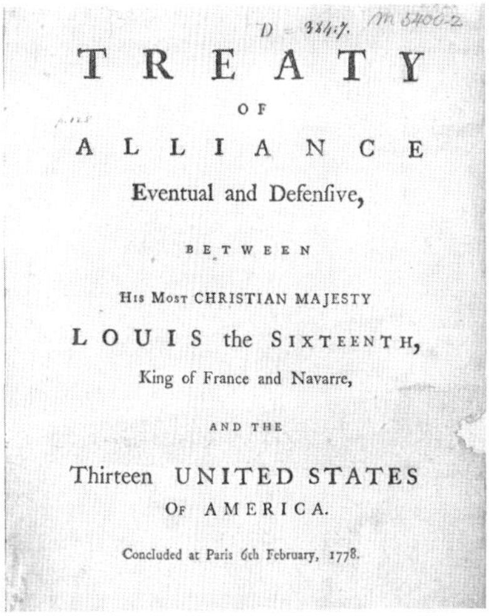

TREATY

OF

ALLIANCE

Eventual and Defenſive,

BETWEEN

His Most CHRISTIAN MAJESTY

LOUIS the SIXTEENTH,

King of France and Navarre,

AND THE

Thirteen UNITED STATES

Of AMERICA.

Concluded at Paris 6th February, 1778.

Dieser Vertrag besiegelte die diplomatische Anerkennung der USA durch Frankreich.

der Unabhängigkeit war natürlich nicht die Rede. Franklin ging darauf nicht ein.

In den Januarwochen des Jahres 1778 konnten die drei Gesandten in Paris – ohne dass die englischen Späher etwas bemerkten – die diplomatische Anerkennung der USA durch Frankreich erreichen. Auch eine finanzielle und militärische Unterstützung wurde gewährt, wodurch Frankreich sich in den Kriegszustand mit England begab. Es wurde außerdem erneut vereinbart, dass die Häfen beider Länder dem freien Handel offenstehen sollten. Nachdem dieser für den weiteren Freiheitskampf der Amerikaner lebenswichtige Vertrag Anfang Februar offiziell von Außenminister Vergennes und den drei Botschaftern unterzeichnet war, ließ sich Ludwig XVI. herbei, die seit zwei Jahren erbetene Audienz zu gewähren. Und es war vermutlich eine große Ausnahme, dass bei einem solchen Anlass nicht der König, sondern sein bürgerlicher Gast zum Mittelpunkt des Geschehens wurde. Wir verdanken es einem Bericht des Grafen Segur, dass wir wissen, wie beein-

Benjamin Franklin, wie ihn die Franzosen verehrten.

druckt die Anwesenden des Hochadels von der Ausstrahlung des alten Benjamin Franklin waren; sein lebenslanges Bemühen um Wahrheit und Erkenntnis, umgeschmolzen in Weisheit und Güte, bewegte die Gemüter der Teilnehmer noch lange. Aus Franklins souveräner innerer Haltung wird auch verständlich, wieso er nicht in vorgeschriebener seidener Hoftracht und Puderperücke erschien, sondern in seinem braunen Wollanzug, das weiße Haar bis auf die Schultern fallend, den schlichten Quäker-Hut seiner Heimat unter dem Arm. So verneigte sich der Zweiundsiebzigjährige vor dem jugendlichen König.

Paris wäre nicht Paris gewesen, wenn die beeindruckende Szene nicht ihre Auswirkung auch im Geschäftsleben gefunden hätte: Alles, was Benjamin Franklin tat und trug, kam «in Mode». Der Quäker-Hut wurde zum «Franklin-Hut», und sogar die Porzellanmanufakturen machten mit der Herstellung von Franklin-Figuren gute Geschäfte; bald gab es in jedem bürgerlichen Haushalt einen kleinen Franklin. Der aber wusste stets

Der Enkel William Temple (1760 – 1823)

die ihm zuströmende Begeisterung auf die amerikanische Sache zu lenken.

In Unkenntnis dieser Ereignisse bemühten sich die Engländer nach Franklins Ablehnung, dem Kongress in Amerika ihr «Friedensangebot» schmackhaft zu machen. Da auch der Kongress von Franklins Erfolg noch nicht in Kenntnis gesetzt war, zog man das Angebot ernsthaft in Erwägung. Als jedoch am 2. Mai 1778 die Verträge mit Paris dem Kongress vorlagen, verwarf man das Angebot aus London und erhob den Bündnisvertrag zum Gesetz. Von nun an eskalierten die kriegerischen Auseinandersetzungen Frankreichs mit England, und bereits zwei Monate später tauchten französische Kriegsschiffe vor der amerikanischen Küste auf. Die nun folgenden heftigen Kämpfe zogen sich noch weitere vier Jahre hin, ehe die Engländer bereit waren, Amerikas Unabhängigkeit anzuerkennen.

Nachdem Franklins Mission in Paris erfüllt war, bat er den amerikanischen Kongress um seine Abberufung; zu seiner Überraschung wurde er stattdessen sogar zum Minister für Frankreich erhoben, nachdem sich die Zusammenarbeit mit Deane und Lee nicht bewährt hatte. Franklins Aufgaben in Paris bestanden in den folgenden Jahren bis zu seiner Ablösung 1786 durch Thomas Jefferson darin, weiterhin für Kriegsanleihen zu sorgen und andere europäische Staaten für die Anerkennung der USA zu gewinnen.

An der Seite des unermüdlichen alten Mannes sehen wir die ganzen Jahre hindurch seinen Enkel William Temple, der ihm Sekretär und in jeder Beziehung eine treue Stütze wurde. Eine solch tatkräftige Hilfe war auch notwendig, denn in seinem Haus in Passy gaben sich die Besucher buchstäblich die Klinke in die Hand. In seinem Salon traf sich die geistige Elite Frankreichs, was sich auch aus der erhalten gebliebenen Sammlung der Visitenkarten aus dieser Zeit ablesen lässt. Es entwickelte sich bald ein reges gesellschaftliches Leben; neben den breit gefächerten Gesprächen spielte man Schach, es wurde musiziert, und das alles in einer so kultiviert-heiteren Atmosphäre, dass auch die Damenwelt sich im Hause Franklin wohlfühlte.

Der aus Amerika zur Unterstützung angereiste Bostoner Politiker John Adams hat dieses Bild von Franklins Hofhaltung mit dem klagenden Unterton vermittelt, dass dieser erst weit nach Mitternacht Zeit fand, sich mit ihm zu beraten. Unter den vielen Besuchern war auch der preußische Hauptmann Friedrich-Wilhelm von Steuben, der – von Friedrich II. von Preußen nach Kriegsende entlassen – eine neue Aufgabe suchte. Franklin erkannte in ihm den ernsten, aufrichtigen Charakter und schickte ihn mit einem Empfehlungsschreiben zu George Washington mit dem sicheren Gespür, dass von Steuben dem losen Haufen freiwilliger Farmer preußische Disziplin beibringen könne. Tatsächlich wurde dieser Mann entscheidend im Kampf gegen England. Selbstverständlich mischten sich unter die Besucher auch Abenteurer, die es nur auf ein Empfehlungsschreiben des Botschafters abgesehen hatten, denn im Allgemeinen war ohne ein Empfehlungsschreiben einer wichtigen Persönlichkeit eine Karriere nicht möglich. Auch in dieser Situation ging Franklin eigene Wege: Wie kam er dazu, einen Menschen zu empfehlen, den er gar nicht beurteilen konnte? So verfasste er einen gleichfalls berühmt gewordenen Musterbrief für solche Fälle: «Der Überreicher dieses Schreibens, der nach Amerika geht, drängt mich, ihm einen Empfehlungsbrief zu geben, obwohl ich nichts von ihm weiß, nicht einmal seinen Namen. Dies mag außerordentlich erscheinen, aber ich versichere Ihnen, dass es hier nicht ungewöhnlich ist. Manchmal in der Tat bringt eine unbekannte Person eine andere, gleich unbekannte, um sie zu empfehlen; und manchmal empfehlen sie einander. Was diesen Herren betrifft, muss ich Sie wegen seines Charakters und Verdienstes auf ihn selbst verweisen, womit er sicherlich besser bekannt ist, als ich es sein kann. Ich erbitte jedoch für ihn jene Höflichkeiten, zu denen jeder Fremde, von dem man nichts Böses weiß, berechtigt ist; und ich bitte Sie, ihm alle guten Dienste zu erweisen und ihm alle Gunst zu bezeigen, die er nach Ihrer Meinung und aufgrund weiterer Bekanntschaft verdient.»

Unter den vielen Franzosen, die Franklin für den Freiheitskampf seiner Landsleute begeistern konnte, war auch der junge Adlige Marquis de Lafayette, der gegen den Widerstand seiner Familie mit weiteren Freiwilligen nach Amerika gezogen war. Auch dessen begeisterte Berichte öffneten die Herzen vieler Franzosen für die Ideale des amerikanischen Freiheitsstrebens. Lafayette schrieb an seine Frau: «Ich will Dir jetzt von den Bewohnern des Landes erzählen. Sie sind so liebenswürdig, als mein Enthusiasmus sie gemalt hatte. Überall begegnet man Wohlwollen, Güte und Liebe zur Freiheit und Heimat. Der reichste und ärmste Mann stehen einander gleich, und obgleich es einige sehr große Vermögende gibt, so fordere ich jedermann auf, den kleinsten Unterschied in dem Benehmen dieser beiden Klassen gegeneinander zu entdecken. Was mich am meisten entzückt, ist der Umstand, dass alle Bürger Brüder sind. In Amerika gibt es keine Armen, selbst nicht

Voltaire, Rousseau, Franklin auf dem Deckel einer Schnupftabakdose.

einmal einen Bauernstand, wie wir ihn nennen würden. Jedes Individuum hat sein kleines Eigentum und dieselben Rechte wie der reichste Grundherr.»

Wir können nun verstehen, weshalb Benjamin Franklin den Franzosen als Verkörperung der Tugenden erschien, die der berühmte französische Philosoph Jean-Jacques Rousseau in eben dieser Zeit in seinen Werken als Ideal dargestellt hatte. Die Ausstrahlung Franklins entsprach gewissermaßen dem «guten Menschen» in der Beschreibung Rousseaus, und unterstrichen wurde diese Geistverwandtschaft durch die äußere Ähnlichkeit des großen Denkers mit dem allseits verehrten amerikanischen Freiheitskämpfer. Rousseau selbst hatte schon 1753 für die Insel Korsika und zwanzig Jahre später für Polen jeweils eine Staatsverfassung entworfen, die seinen Idealen entsprach. Offenbar war in Europa die Zeit nicht reif für so einen umwälzenden Gedanken wie den der Volkssouveränität, denn beide Entwürfe blieben «Papier». Eine Begegnung zwischen diesen beiden Großen, die aus den verschiedensten Gründen nicht stattfinden konnte, wäre sicherlich für den Gedanken der Demokratie in Europa von Bedeutung gewesen.

Während der zehn Jahre in Paris besuchte Benjamin Franklin so oft wie möglich die Sitzungen der Akademie der Wissenschaften, deren Mitglied er bereits bei seinem ersten Aufenthalt geworden war. Hier kam es zu der denkwürdigen Begegnung mit Voltaire. Nach achtundzwanzig Jahren politisch bedingter Abwesenheit war der greise Schriftsteller und Philosoph nach Paris zurückgekehrt, um seinen Lebensabend dort zu verbringen. Am 9. April 1778 führte Benjamin Franklin Voltaire an der Hand in die Loge «Neuf Soeur», wo er kurz zuvor als Mitglied aufgenommen worden war. Schon bald war er für Jahre ihr Großmeister und damit inspirierendes Zentrum in Paris.

Als sich kurz darauf, am 29. April, Voltaire und Franklin in der Akademie der Wissenschaften trafen, umarmten sie sich unter dem Jubel der Anwesenden; die Zeitgenossen verglichen diese Begegnung mit dem geschichtsträchtigen Treffen zwischen dem Gesetzgeber Solon und dem Philosophen Sophokles im antiken Athen im 7. Jahrhundert v. Chr. Die herzliche Begrüßung der beiden fand unter dem Jubel der Anwesenden statt.

In der kurzen Lebensspanne, die Voltaire verblieb, wurde aus dieser Begegnung eine tiefe Herzensfreundschaft, die sich auch auf Franklins Enkel erstreckte. Es ist uns überliefert, dass Voltaire kurz vor seinem Tod am 30. Mai 1778 den Enkel William mit den auf Englisch gesprochenen Worten «Gott und Freiheit» segnete. Damit sprach der gebeugte, greise Voltaire in formelhafter Weise seinen eignen größten Herzenswunsch aus: dass die persönliche Freiheit mit der Weisheit der göttlichen Entwicklungsgesetze übereinstimmen möge. Dies sei nur durch eine fortlaufende Selbsterziehung des Menschen möglich. Darin, in dem Streben nach Selbstvervollkommnung, trafen sich der amerikanische Lebenspraktiker und der europäische Philosoph.

Die Gedanken von Rousseau und Voltaire wurden damals be-

sonders in den Kreisen der Freimaurer bewegt, in denen sich die bedeutendsten Männer trafen, um gemeinsam am geistigen Fortschritt der Menschheit zu arbeiten. Benjamin Franklin wurde sofort in die Pariser Loge «Neuf soeurs» aufgenommen und bereits 1779 zum Großmeister erhoben. In dieser Loge traf er zusammen mit Männern, welche die alte Geistigkeit pflegten, indem sie Rituale aus der gotischen Dombauschule vollzogen. Sie suchten aber auch nach neuen Formen für die Gesellschaft, denn ihnen waren die krassen sozialen Ungerechtigkeiten bewusst. Daher wurden ihnen die Inhalte der amerikanischen Unabhängigkeitserklärung zur Offenbarung, und sie ließen sich von Franklin immer wieder darüber berichten. Beim Ausbruch der französischen Revolution 1789 waren es die Männer dieser Loge, wie z.B. der Abbé Sieyes, der Astronom Jean Sylvain Bailly, der Jurist und Volksführer Georges Danton und der Arzt Dr. Guillotine, die aktiv in das politische Geschehen eingriffen und die berühmten Ideale «Freiheit, Gleichheit und Brüderlichkeit» für alle ausriefen.

Diese Schärpe trug Franklin in seiner Pariser Zeit als Großmeister der Freimaurerloge

Empfang Benjamin Franklins am Hofe Ludwig XVI. in Paris. Das Bild dokumentiert, wenn auch in übertriebener Darstellung, Franklins hohes Ansehen am Hofe. Auf dem Sofa rechts Ludwig XVI. mit Marie Antoinette.

Von Franklin gibt es über die sozialen Missstände in Frankreich keine Kommentare; möglicherweise sind ihm die Nöte des einfachen Volkes tatsächlich verborgen geblieben, da er als Botschafter nur in den gehobenen Kreisen zu verkehren pflegte. Hätte er wie früher Gelegenheit gehabt, von Paris aus Reisen auf das Land zu machen, dann wäre ihm mit Sicherheit das große Elend nicht entgangen.

Wie kaum ein anderer Zeitgenosse verstand es Franklin, wissenschaftliches Streben, berufliche Pflichten und Privatleben miteinander harmonisch zu verknüpfen; so befruchtete jeweils die eine Seite seines Lebens die andere. Und neben der Freundschaft zu vielen bedeutenden Männern seines Jahrhunderts pflegte er auch geistig anregende und liebenswürdige Beziehungen zu einer Reihe gesellschaftlich hochstehender Damen. Besonders zu Frau Brillon und Madame Helvétius entwickelte sich eine tiefe Verbindung, die

Anne-Catherine Helvétius (1722 – 1800)

sein Leben mit Herzenswärme erfüllte. Trotz des beträchtlichen Altersunterschiedes schwang in den Beziehungen zu diesen Frauen auch seine Sehnsucht nach einer erneuten Eheschließung mit. Beide lehnten jedoch ab und vertrösteten ihn nach langen, scherzhaft-galant-amüsanten Debatten auf das Wiedersehen im Paradies, wo man dann auch keine Eheschließung mehr braucht, um zusammenzuleben.

Franklin wäre nicht Franklin gewesen, wenn er seinem vergeblichen Liebeswerben nicht auch gleichzeitig ein kleines literarisches Denkmal gesetzt hätte. So sind uns die gemeinsamen Diskussionen über Freundschaft, Liebe, Ehe und Treue vor allem durch kleine Aufsätze – in Frankreich «Bagatellen» genannt – erhalten. Er schildert z.B. einen Traum, in dem er den verstorbenen Monsieur Helvétius im Paradies getroffen habe, der kein Verständnis für die Ablehnung seiner Witwe gehabt habe. Und zu dem Logenbruder Abbé La Roche sagte er von sich selbst: «Benjamin Franklin vergisst nie eine Gesellschaft, in welcher Frau Helvétius erwartet wird. Selbst wenn er heute morgen zu den Freuden des Paradieses berufen worden wäre, so würde er doch um die Erlaubnis gebeten haben, noch bis halb zwei Uhr auf der Erde weilen zu dürfen, um die Umarmung zu empfangen, welche sie ihm heute bei Turgots versprochen hat!»

Sogar die junge Königin Marie-Antoinette konnte sich dem Zauber des «Weisen aus Passy» nicht entziehen; sie lud ihn nach Versailles in ihren Salon, wo er in Anwesenheit von über dreihundert der schönsten Frauen nach alter antiker Sitte mit einem Lorbeerkranz gefeiert wurde.

Die Freundschaft und Liebe vieler Menschen wirkte wie ein Lebenselixier und gab Benjamin Franklin Kraft, über so manchen Kummer und die Last des Alters hinwegzukommen. Und auch damit wusste Franklin literarisch umzugehen. In einer schlaflosen Nacht verfasste er den Dialog: «Gespräch Franklins mit der Gicht am 22.10.1780 um Mitternacht ...»

Franklin: «Weh! o weh! was hab ich getan, um so grausame Schmerzen zu erleiden.»
Gicht: «Mancherlei, du hast zu unmäßig gegessen und getrunken und den Beinen zu viel Ruhe gegönnt.»
Franklin: «Wer beschuldigt mich?»
Gicht: «Das bin ich, die Gicht selbst.»
Franklin: «Wie, mein Feind in eigener Person?»
Gicht: «Nein, nicht dein Feind ... »
Franklin: «Ich mache mir so viel Bewegung, wie ich kann, Madame Gicht. Sie wissen, dass ich durch meine Geschäfte zum Sitzen genötigt bin, und deshalb, meine ich, könnten Sie mich wohl ein wenig verschonen, da Sie doch einsehen müssen, dass es nicht ganz meine Schuld ist ... »
Gicht: «Verschonen? Nicht im geringsten. Denn deine Beredtsamkeit und Höflichkeit ist vergebens, und deine Entschuldigung hilft dir zu nichts. Wenn deine Geschäfte eine sitzende Lebensweise nötig machen, so solltest du durch die Art deiner Vergnügungen und Erholungen den Mangel an Bewegung ersetzen. Du kennst M. Brillons Garten und weißt, wie gut es sich darin geht; du kennst die schöne Flucht von 150 Stufen, die von der Terrasse hinunter auf den Rasen führen. Du hast die Gewohnheit, diese liebenswürdige Familie zweimal in der Woche nachmittags zu besuchen. Eine Regel, die du selbst aufgestellt hast, besagt, dass ein Mensch beim Hinauf- und Heruntergehen von Stufen von einer Meile Länge so viel Leibesübung macht wie einer, der auf ebenem Grunde zehn Meilen geht. Welch eine Gelegenheit für dich, Bewegung für deinen Körper zu haben. ... Und was hast du getan? Du hast auf der Terrasse gesessen, hast die schöne Aussicht bewundert und auf die Schönheiten des Gartens unter dir geschaut, aber du hast dich nicht gerührt, um einen Schritt hinunterzumachen und herumzuwandern. Im Gegenteil, du verlangst Tee und das Schachbrett ... . Und dann, anstatt zu Fuß nach Hause zu gehen, was dich ein bisschen aufpulvern würde, nimmst du einen Wagen. ... Du solltest gehen oder reiten. Aber lass uns einmal deine Lebensweise untersuchen. Was tust du in den Morgenstunden, die dir Muße gewähren, spazieren zu gehen? Anstatt durch wohltätige Bewegung dir Appetit zum Frühstück zu verschaffen, vertreibst du dir die Zeit

hinter Büchern, Flugschriften und Zeitungen, die gewöhnlich nicht des Lesens wert sind. Pfui, schäme dich, Franklin! Doch über mein Lehren hätte ich beinah die Anwendung meiner heilsamen Besserungsmittel vergessen: Jetzt muss ich dich wieder zwicken.»

Franklin: «Oh, um Himmelswillen, lassen Sie mich! Ich will auch geloben, mir täglich Bewegung zu machen und immer mäßig zu essen.»

Gicht: «Ja, ich kenne dich, ein Versprechen kannst du geben; kaum aber bist du ein paar Tage gesund gewesen, so sind die alten Gewohnheiten wieder da. Ich will denn für diesmal die Rechnung schließen und gehen, doch mit dem Versprechen, dich zu gelegener Zeit wieder zu besuchen; denn dein eigenes Wohl ist mein Zweck, und du hast jetzt eingesehen, dass ich deine wahre Freundin bin ...»

(Dieser Dialog ist in der Schriftart «Franklin Gothic» gesetzt, die Benjamin Franklin zu Ehren diesen Namen erhielt und seine Leistungen als Drucker würdigte.)

Wir verlassen nun den eher privaten Bereich aus Franklins Leben und wenden uns wieder der weltoffenen Seite seines Wesens zu. Franklin setzte seine schriftstellerischen Fähigkeiten selbstverständlich keineswegs nur für die erwähnten privaten «Bagatellen» ein, sondern hatte beispielsweise gleich nach seinem Eintreffen in Paris als Sprachrohr der Stimme Amerikas die Zeitschrift *Affaires de l'Angleterre et de l'Amérique* herausgegeben. Über die Jahre hin stellte er in zweiundachtzig Nummern das Anliegen des amerikanischen Volkes dar, um so die öffentliche Meinung und den Königshof zur Unterstützung zu gewinnen.

Seinen wissenschaftlichen Studien konnte sich Franklin erst in den letzten Jahren in Passy zuwenden. Dazu gehörte eine überarbeitete Ausgabe seiner naturwissenschaftlichen Werke, die bald in andere Sprachen übersetzt wurden; so erschien z.B. 1780 in Dresden eine dreibändige Ausgabe davon. Sein übriges Werk – Aufsätze zu den verschiedenen Lebensbereichen – erschien gleichfalls in den Pariser Jahren und wurde sogar 1779 im gegnerischen England

Porträt Benjamin Franklins von 1785

Die ersten Ballonaufstiege 1783 waren für die Pariser Bevölkerung außergewöhnliche Attraktionen.

unter dem Titel *Politische, allgemeine und philosophische Essays* zu einem Bestseller. Dieser unermüdlich Lernende griff natürlich auch neue Themen auf und befasste sich in Paris z.B. mit dem «Nordlicht», der unterschiedlichen atmosphärischen Feuchtigkeit in London, Philadelphia und Passy, machte Studien über die indianische Sprache, beschrieb die Erfindung eines rauchverzehrenden Ofens und entwickelte Gedanken zur Geologie, nachdem er von den Meeresmuschelfunden in englischen Kohlebergwerken erfahren hatte.

Gegen Ende seiner Pariser Zeit wurde Franklin noch Zeuge des Beginns eines neuen technischen Zeitalters. In wenigen Monaten des Jahres 1783 entwickelte sich aus dem Vergnügen, Ballons steigen zu lassen, die ernst zu nehmende Wissenschaft des bemannten Ballonfluges. Die Anhänger der beiden Systeme – heiße Luft oder leichtes Wasserstoffgas – lieferten sich damals in Paris einen regelrechten Wettstreit; bei diesem Spektakel waren einmal

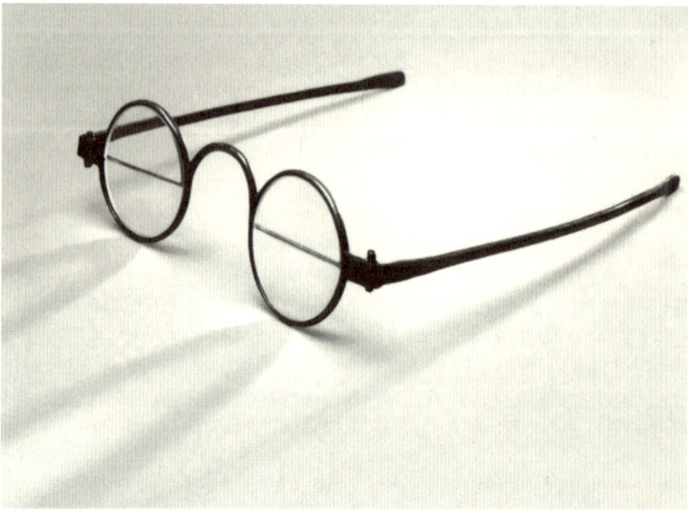

Eine weitere Erfindung Benjamin Franklins: die bifokale Brille

über dreihunderttausend Menschen (ein Drittel der Stadtbevölkerung!) zugegen. Am 27. August sah Franklin hier den ersten unbemannten Ballonaufstieg. Unter den Zuschauern wurde die Frage laut, wozu das wohl gut sein solle, und Franklins Antwort darauf machte rasch die Runde in Paris: «Wozu ist ein neugeborenes Kind gut?»

Am 20. November desselben Jahres war Franklin wiederum zugegen, als der erste Passagier-Ballonflug bei Passy stattfand. Die Piloten erzeugten heiße Luft, indem sie unter dem offenen Ballon Stroh verbrannten, und erreichten so eine Flughöhe von hundertfünfzig Metern. Am selben Abend lernte Franklin den Erfinder dieses Ballons, Joseph Montgolfier, kennen. Als zwei Wochen später von den Tuillerien in Paris ein Wasserstoffballon abhob, war Franklin selbstverständlich unter den Zuschauern und sah den Ballon in einer Höhe von ungefähr sechshundert Metern langsam nach Norden treiben. Wir können uns leicht vorstellen, dass er das Geschaute innerlich weiterführte, und so finden wir schon in einer

Notiz vom 6. Dezember den Gedanken, dass der Ballon einmal ein gebräuchliches Reisegefährt werden könne. Franklin verfolgte die Entwicklung der Ballonfliegerei, und er erlebte auch die ersten praktischen Auswirkungen, als ihm der amerikanische Ballonpilot John Jefferies im Januar 1785 einen ersten «Luftpostbrief» aus England mitbrachte.

Man könnte aus dieser Pariser Zeit noch vieles berichten; wir wollen als Letztes eine Erfindung erwähnen, die bis heute aktuell geblieben ist: Es war Franklin überaus lästig, ständig seine Brille zu wechseln; wie auch heute viele Menschen, besaß er eine zum Lesen und eine andere für weitere Entfernungen. 1784 hatte er die Idee, die Gläser jeweils zu halbieren und dann neu zusammenzusetzen; so konnte er beim Blick durch den unteren Teil des Brillenglases die Buchstaben gut sehen, und durch den oberen Teil hatte er eine klare Fernsicht. Heute heißt Franklins «Doppelbrille» bifokale Brille, und jeder Optiker muss bei seinem Meisterlehrgang eine solche anfertigen können.

Die Zeit in Frankreich überblickend, verstehen wir die Worte seines Mitarbeiters John Adams: «Franklins Ruf war weltweiter als der von Leibniz und Newton, Friedrich dem Großen und Voltaire, und seine Persönlichkeit, sein Charakter beliebter und geschätzter als jene. Sein Name war der Regierung vertraut wie dem Adel und den Geistlichen, den Philosophen und den Plebejern, und zwar in solchem Maß, dass es kaum einen Bürger oder Bauern gab, keinen Kutscher, keinen Lakaien oder Bediensteten usw., denen er nicht geläufig war und die ihn nicht für einen Freund des Menschengeschlechtes erachteten. Sprachen sie von ihm, so schienen sie zu glauben, er sei im Begriff, das Goldene Zeitalter herbeizuführen.»

Beginn eines neuen Zeitalters

Benjamin Franklin setzte seit 1776 alles daran, den amerikanischen Bruderkrieg zu beenden und einen Frieden mit England zu erreichen, der auch die Unabhängigkeit der Kolonien beinhaltete. Doch erst nach der Kapitulation der englischen Armee am 19. Oktober 1781 bei Yorktown (Virginia) war England zu ersten Friedensverhandlungen bereit. Den damals üblichen Nachrichtenübermittlungen entsprechend erfuhr Franklin erst im Dezember vom Sieg der amerikanischen Armee. Er verlor allerdings keine Zeit; auf seiner eigenen Kopierpresse in Passy druckte er die Siegesnachrichten und verteilte sie an alle Welt. Anfang 1782 signalisierte ein Regierungswechsel in London, dass man nun ernsthaft zu Friedensverhandlungen mit den abtrünnigen Kolonisten bereit sei. Da Franklin zwischenzeitlich wieder privaten Kontakt zu Freunden in London aufgenommen hatte, auch mit William Straham hatte er sich versöhnt, schickte der neue Premierminister Shelburne seinen Gesandten Richard Oswald direkt zu Franklin nach Paris. Dieser stand nicht an, trotz der momentanen Abwesenheit seiner beiden Kollegen sofort in die Verhandlungen einzutreten, denn für die Friedensverhandlungen hatte der amerikanische Kongress neben Franklin inzwischen John Adams und John Jay benannt. Aus jahrzehntelanger Erfahrung im diplomatischen Dienst ließ Franklin den Engländern Zeit, sich damit abzufinden, erstmals nicht auf der Siegerseite zu stehen, und ermöglichte ihnen somit, das Gesicht zu wahren. Seine Gespräche bildeten die Grundlage für den späteren Friedensvertrag; aber

Mitglieder der amerikanischen Kommission zur Vorbereitung der Friedensverhandlungen mit England 1783: John Jay, John Adams, Benjamin Franklin und Henry Laurens (von links nach rechts).

man darf dennoch nicht übersehen, dass Franklin entgegen der Abmachung ohne Frankreich und Spanien verhandelte. Ihm lag daran, zunächst nur die amerikanischen Forderungen geltend zu machen, und zwar

1. die vollständige Anerkennung der Unabhängigkeit der Vereinigten Staaten von Amerika
2. die Festlegung der Grenzen zwischen den USA und den loyalen Kolonien
3. die Beschränkung der kanadischen Grenze vom Jahre 1774
4. das Recht für die Amerikaner, an den Küsten von Neufundland Fisch- und Walfang zu betreiben.

Leider blieb es nicht bei diesen knappen, eindeutigen Forderungen, denn als John Adams und John Jay im Oktober wieder in Paris eintrafen, bestanden sie auf einer wesentlichen Erweiterung des Vertrages. So wurde aus dem schlichten Entwurf von Franklin ein dickes Vertragswerk, dem bei seiner Unterzeichnung am 30. November 1782 nur die Bedeutung eines vorläufigen Friedensvertrages zukam, da es für England galt, auch mit Frankreich und Spanien Frieden zu schließen.

Der französische Außenminister war verständlicherweise über Franklins Vorgehen ungehalten und teilte ihm das auch entschieden in einem Brief mit. Franklins Antwort darauf wurde oft als diplomatisches Kabinettstück bezeichnet, denn nachdem er sich entschuldigt und seine Motive dargelegt hatte, schloss er den Brief mit dem Satz: «Wie ich gerade erfahren habe, bilden sich die Engländer ein, sie hätten uns bereits entzweit; aber ich hoffe, dass dieses kleine Missverständnis gerade deshalb streng geheim bleiben wird und dass sie (die Engländer) sich hierin irren werden.» Vergennes bestätigte die Freundschaft zu Franklin und gewährte außerdem ein weiteres Darlehen in Höhe von sechs Millionen Dollar für Amerika. Die nun folgenden französisch-spanisch-amerikanischen Verhandlungen mit England zogen sich bis zum 3. September 1783 hin, dem Tage des endgültigen

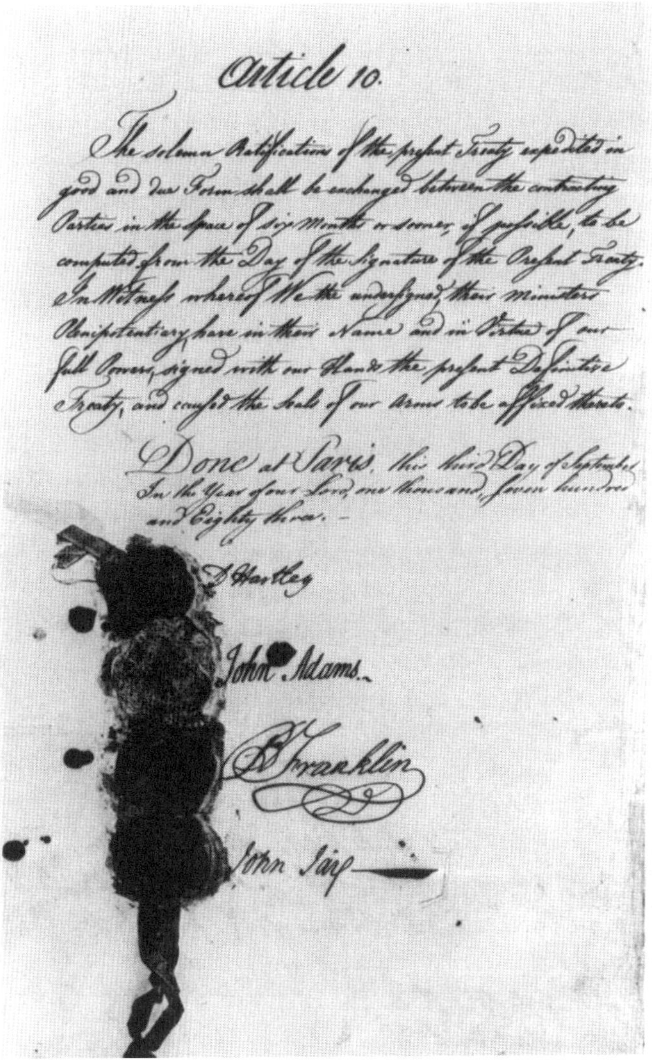
Article 10.

The solemn Ratification of the present Treaty expedited in good and due Form shall be exchanged between the contracting Parties in the Space of six Months or sooner, if possible, to be computed from the Day of the Signature of the present Treaty. In Witness whereof We the undersigned, their Ministers Plenipotentiary have in their Name and in Virtue of our full Powers, signed with our Hands the present Definitive Treaty, and caused the Seals of our Arms to be affixed thereto.

Done at Paris, this third Day of September In the Year of our Lord, one thousand, seven hundred and Eighty three. –

D Hartley

John Adams.

B Franklin

John Jay

Englands Anerkennung der Unabhängigkeit Amerikas: der Friede von Versailles am 3. September 1783. Urkunde mit den Unterschriften von John Adams, Benjamin Franklin und John Jay.

Benjamin Franklin um 1784

Friedensabschlusses in Versailles. Franklin charakterisierte diesen Abschluss seiner diplomatischen Mission mit den Worten: «Wir sind nun mit England und der ganzen Menschheit befreundet. Mögen wir nie wieder einen Krieg erleben! Denn meiner Meinung nach gab es nie einen guten Krieg oder einen schlechten Frieden.»

Aus seiner französischen Zeit muss noch erwähnt werden, dass es ihm drei Tage vor der Abreise gelang, den ersten Handelsvertrag der USA mit dem Königreich Preußen abzuschließen, der neben der gegenseitigen Förderung des Warenaustausches erstmalig eine Ächtung der Kaperei von Handelsschiffen enthielt. Da beide Staaten verkündeten, ihre Kriegsschiffe gegen die damals übliche Piraterie einzusetzen, war die Folge dieses Vertrages tatsächlich eine größere Sicherheit auf den Weltmeeren.

Benjamin Franklins Leben umspannte nun fast das gesamte 18. Jahrhundert; in seiner Biografie verknüpften sich stets neue Entwicklungen mit dem Gewordenen. So stand er mitten in der Auseinandersetzung zwischen der traditionellen Herrschaftsform der Monarchie und dem neuzeitlichen Streben nach einer Volksherrschaft. Er war Gast bei Königen, verehrt und anerkannt von den führenden Wissenschaftlern seiner Zeit und geliebt vom einfachen Volk.

Die dramatischen weltgeschichtlichen Ereignisse der französischen Revolution von 1789 nahm Franklin nur noch aus der Ferne wahr; doch hatte er noch in Paris Begegnungen mit drei Führern dieses Umsturzes: Robespierre, Marat und Marquis de Mirabeau. Über die Vorgänge in Paris und das Wirken dieser drei Männer wurde Franklin von seinem Nachfolger Jefferson getreulich unterrichtet. Thomas Jefferson erlebte in Paris, dass Benjamin Franklin mehr Achtung und Verehrung auf sich gezogen hatte als irgendein anderer Mann, und er sagte: «Ich kann ihn nicht ersetzen, ich kann nur sein Nachfolger sein.»

Dem scheidenden Botschafter hatte die Königin Marie-Antoinette ihre Sänfte zur Verfügung gestellt. Diese Reise nach Le Havre entwickelte sich zu einer einzigartigen Ovation des Volkes

Jean-Antoine Houdon: Porträtbüste von Benjamin Franklin, 1779

für den großen Amerikaner, dem der König zum Abschied ein überaus kostbares Diadem mit seinem Bild geschenkt hatte.

Erst im zeitlichen Abstand wird der große Einfluss deutlich, den Franklins langjähriges Wirken als Inspirator und Vorbild auf die französische, ja insgesamt auf die europäische Geschichte ausübte. Durch seine Erfahrungen und Erfolge als Volksvertreter im Umgang mit der Monarchie in England – der ja den amerikanischen Kolonien die Freiheit gebracht hatte – wurden die vielen begeisterungsfähigen Männer in ganz Europa angespornt, gegen die ungerechten sozialen Zustände zu kämpfen. Niemand ahnte damals, dass die großen Ideale der Menschenrechte aus den USA – vorgelebt durch den schlicht auftretenden Benjamin Franklin – einst in Paris in die bis heute gültige Fassung vom 26.8.1789 gegossen werden sollten.

In Frankreich war Franklin so hoch angesehen, dass auch der schon damals anerkannte Bildhauer Jean-Antoine Houdon (1741 – 1828) mehrere lebensgroße Büsten von ihm aus Marmor und Gips anfertigte. Der Wunsch vieler Menschen nach einem lebensnahen Abbild konnte durch die Herstellung von Abgüssen Rechnung getragen werden. So kam auch ein besonders eindrucksvolles Exemplar durch Herzog Ernst II. von Gotha nach Thüringen in sein Schloss Friedenstein, wo es noch heute einen würdigen Platz innehat. Herzog Ernst II. war ein Verehrer von Houdon und auch Anhänger der politischen Haltung Franklins, wenngleich er auch als monarchischer Landesherr auftrat. Es war dies auch die Zeit, in der die später berühmte Madame Toussand ihre Wachsfiguren berühmter Zeitgenossen für Ausstellungen auf Jahrmärkten herstellte. Damit konnte die Sehnsucht vieler Zeitgenossen nach einem Bild berühmter Persönlichkeiten – die heute ja selbstverständlich die modernen Medien erfüllen – gestillt werden.

Lebensabend in Philadelphia

Benjamin Franklin kehrte am 14. September 1785 unter dem begeisterten Jubel seiner Landsleute nach Philadelphia zurück. Die Kirchenglocken der Stadt läuteten zu seiner Begrüßung, und unter dem donnernden Salut der Hafenkanonen geleiteten ihn die Bürger in einem Triumphzug zu seinem Haus in der Marketstreet. Jeder in Philadelphia wusste, was dieser Mann für Amerika getan hatte. Franklin war von dem Empfang tief gerührt.

Er freute sich wieder auf sein Zuhause, wo der Erschöpfte einer liebevollen Betreuung durch seine Tochter Sarah Bache gewiss sein konnte. Hier gedachte er sich nun endgültig von der Politik zurückzuziehen und in Ruhe auf sein erfülltes Leben zu schauen. Unendlich vieles hatte er erlebt, das nun mit Abstand betrachtet werden konnte. So war es ihm eine besondere Freude, zurückzublicken auf den Abschied von Europa: In Southampton hatten sich die Freunde aus England eingefunden, um dem Scheidenden Lebewohl zu sagen; aber auch sein Sohn William war gekommen – er blieb aber als königstreuer Beamter in England zurück.

Zunächst waren ihm jedoch nur vier ruhige Wochen in seinem Haus vergönnt, dann holten die vaterländischen Forderungen und staatspolitischen Aufgaben den Achtzigjährigen ein; am 18. Oktober wurde er zum Präsidenten von Pennsylvania gewählt. Dem Aufbau seines Heimatstaates galt nun seine ganze Kraft, doch hatte Franklin gelernt, andere Menschen zu impulsieren, sodass er die Ausführung der Ideen Jüngeren überlassen konnte. Er verbrachte nun die nächsten Jahre in einem harmonischen Wechsel zwischen

Bei seiner Rückkehr aus Frankreich bereitete die Bevölkerung von Philadelphia Franklin einen triumphalen Empfang.

den Amtsgeschäften und einem beschaulichen Leben im Kreise der Familie Bache. Das fröhliche Treiben seiner Enkelkinder genoss er ebenso wie die Mußestunden in seiner Bibliothek. Dort hatte er sich nach seiner Rückkehr darangemacht, die Unordnung, die englische Besatzungssoldaten hinterlassen hatten, zu beseitigen. Seinen enormen Bücherbestand – Besucher berichteten von viertausend Bänden und damit von der größten Bibliothek des Kontinents! – ordnete er nun neu. Dabei störte es ihn, dass er nicht ohne weiteres an die hochgestellten Bücher herankam, und wie so oft wusste Franklin sich zu helfen: Er konstruierte aus Holz scherenartige Greifer, mit denen er nun bequem jedes Buch herauf- und herunterstellen konnte. Bis heute hat sich in Bibliotheken und Archiven dieser Apparat bewährt. In diesem Zusammenhang erfand er auch den schon erwähnten Stuhl, der sich durch Umklappen des Sitzes in eine Trittleiter verwandeln ließ.

In das aktuelle politische Geschehen der jungen USA wollte

Sarah Bache, geb. Franklin (1743 – 1808)

Franklin nicht mehr eingreifen, und so nahm er nur mit Abstand die Beratungen des Verfassungskonventes in Philadelphia wahr. Seit dem Winter 1786/87 hatten sich aus allen dreizehn Kolonien Delegierte versammelt, um ihrem neuen Staat eine Verfassung nach den Idealen der Unabhängigkeitserklärung vom Juli 1776 zu geben. Doch bereits nach einem halben Jahr, im Mai 1787, fühlte Franklin sich aufgrund dringender Bitten veranlasst, als Delegierter von Pennsylvania teilzunehmen. Im Konvent hatte man sich an der Frage nach einer gerechten Form der Volksvertretung festgebissen; die achtzig Männer der verfassunggebenden Versammlung konnten sich nicht über die Art der Wahl der von den unterschiedlich großen Staaten zu entsendenden Abgeordneten in das Repräsentantenhaus und den Senat einigen. Franklin hörte sich die verschiedenen Argumente längere Zeit an und führte den Konvent aus der verfahrenen Situation mit seinem berühmten Vorschlag, dass die Anzahl der Abgeordneten für das Repräsentantenhaus sich nach der Wählerzahl der jeweiligen Staaten zu richten habe, während im Senat jeder Staat – unabhängig von seiner Einwohnerzahl – zwei Sitze erhalten müsse. Da Repräsentantenhaus und Senat gemeinsam die Gesetze festzulegen hatten, sollte so ein Ausgleich zwischen den kleinen und großen Staaten herbeigeführt werden. Dieser Vorschlag wurde in die Verfassung aufgenommen und ist bis heute gültig.

Als nun endlich am 17. September 1787 die vollendete Verfassung von allen Konventsmitgliedern unterzeichnet werden sollte, ergriff Benjamin Franklin das Wort und sprach Gedanken aus, die nicht nur die Anwesenden stark beeindruckten, sondern auch uns Heutigen viel zu denken geben können:

«Herr Präsident, ich gestehe, dass ich mit dieser Verfassung zur Zeit nicht ganz einverstanden bin. Aber, mein Herr, ich bin nicht sicher, ob ich nie mit ihr einverstanden wäre. Ich habe lange genug gelebt, um bei vielen Gelegenheiten zu erfahren, dass ich infolge besserer Information oder vollständigerer Überlegung dazu gebracht wurde, Meinungen zu ändern, Meinungen, die ich einst für richtig gehalten habe und nicht mehr so fand. Daher kommt es, dass ich, je älter ich werde, ich desto geneigter werde, mein eigenes Urteil in Zweifel zu setzen und dem Urteil anderer mehr Gehör zu schenken. Die meisten Menschen – freilich auch die meisten religiösen Sekten – glauben im Besitz aller Wahrheiten zu sein ...»

Mit dem ihm eigenen Humor, wirkungsvoll in Szene gesetzt, fuhr er fort: «Obwohl viele Privatpersonen eine fast ebenso hohe Meinung von ihrer eigenen Unfehlbarkeit haben wie von derjenigen ihrer Sekten, so drücken das doch nur wenige mit solcher Natürlichkeit aus wie ein gewisses französisches Frauenzimmer, das mit ihrer Schwester im Streit begriffen, zu ihr sagte: Ich weiß nicht, Schwester, wie es kommt, aber ich habe außer mir sonst noch niemand getroffen, der immer das Recht auf seiner Seite hatte ... In solchen Gefühlen, mein Herr, erkläre ich mein Einverständnis mit dieser Verfassung einschließlich aller ihrer Fehler, falls solche bestehen, denn ich halte dafür, dass wir eine Regierung nötig haben ... Ich bezweifle auch, ob irgendein anderer Konvent,

Die von Franklin mit achtzig Jahren entwickelte erste Karte des Golfstromes vor der nordamerikanischen Küste ist Ausdruck seiner nicht ermüdenden Forschertätigkeit.

der beschickt werden könnte, in der Lage wäre, eine bessere Verfassung zu schaffen. Denn wenn sich eine Anzahl Menschen versammelt, um sich des Vorteils dieser vereinigten Weisheit zu bedienen, so versammeln sie unvermeidlich zusammen mit diesen Menschen alle ihre Vorurteile, ihre Leidenschaften, ihre egoistischen Absichten. Kann von einer solchen Versammlung ein vollendetes Erzeugnis erwartet werden?»

Er schloss mit den Worten: «Im Ganzen liegt mir daran, den Wunsch auszusprechen, dass jedes Mitglied des Konvents, welches noch Einwände haben sollte, mit mir bei dieser Gelegenheit ein wenig an seiner Unfehlbarkeit zweifeln möchte und, um unsere Einmütigkeit kund zu tun, seinen Namen unter dieses Dokument setze.»

Und so geschah es!

Obwohl es für die Bürger von Pennsylvania offenbar sein musste,

Franklin (links) mit seiner Familie und Freunden im Garten seines Hauses in Philadelphia.

dass der fast Zweiundachtzigjährige nicht mehr lange unter ihnen weilen würde, wählten sie ihn erneut zum Präsidenten, denn sie hatten zu diesem Mann größtes Vertrauen. Franklin war nur noch selten im Amtsgebäude; die Ratssitzungen fanden in seinem Hause statt, und als am 4. Juli 1788 seine Gesundheit es nicht erlaubte, an den Feierlichkeiten des Nationaltages teilzunehmen, wurde der Festzug zu seinen Ehren an seinem Haus vorbeigeleitet. Im Oktober desselben Jahres wurde Thomas Mifflin auf Franklins Vorschlag zu seinem Nachfolger im Präsidentenamt gewählt. Wie es in ihm selbst aussah, zeigt folgende Briefstelle vom 22.10.1788: «Da ich nun meine Amtszeit als Präsident beendet habe und mir versprochen habe, mich nicht mehr mit öffentlichen Angelegenheiten zu beschäftigen, hoffe ich, die kurze Zeit meines Lebens, die mir noch verbleibt, in Ruhe zu verbringen, wie ich es mir so lange gewünscht habe.»

Man darf sich fragen, was es bei einem solchen Menschen heißt, «Zeit in Ruhe verbringen» zu wollen. Benjamin Franklin ging jedenfalls sofort daran, seine früher schon zweimal begonnene Autobiografie fortzuführen. Außerdem ordnete er seinen Nachlass und verfasste ein ausführliches Testament, in dem er nicht nur seine Angehörigen, sondern auch seine Vaterstadt Boston und seine Heimatstadt Philadelphia mit großzügigen Summen bedachte. Aus seinem inzwischen beträchtlichen Vermögen wurde auch eine Stiftung gegründet zur Unterstützung junger, verheirateter Handwerker, die sich selbstständig machen wollten. Auch hier wurde über seinen Tod hinaus seine eigene Lebenserfahrung Richtschnur für sein Handeln.

Obgleich sich in dem nun folgenden letzten Lebensjahr sein Gesundheitszustand ständig verschlechterte, nahm er weiterhin an den großen sozialen Fragen innigsten Anteil. Besonders bewegte ihn das Schicksal der Sklaven in Nordamerika, und mit seiner ganzen Herzenskraft und dem Gewicht seiner politischen Autorität kämpfte er unablässig für die Abschaffung der Sklaverei. Am Ende seines schaffensreichen Lebens konnte sich Benjamin Franklin noch einmal intensiv und mit der ihm eigenen Zielstrebigkeit der Sklavenfrage widmen. So unterstützte er die Überlegungen, durch Gesetzesänderungen die Freiheit für Sklaven zu ermöglichen, er förderte die Unterstützung für Schulbesuche der schwarzen Kinder und Jugendlichen und die Suche nach Arbeitsplätzen für freigelassene Sklaven. Auch wenn ihm kein unmittelbarer Erfolg hierin beschieden war, wurden doch durch ihn genügend Menschen aufgerüttelt, das grausame Leben der Sklaven nicht hinzunehmen.

Zu den drückenden Ereignissen in dieser Zeit gehörten für Franklin die spärlichen Nachrichten, die 1789 von den blutigen und dramatischen Ereignissen der Französischen Revolution nach Amerika vordrangen. Die Welt des Pariser Pöbels lehnte er ab, und er schrieb an einen Bekannten in Paris am 13. November 1789, ob es nicht nötig sei, mehr auf «die Stimme der Philosophie» zu hören. Und in einem letzten Brief zur Französischen Revolution heißt

Thomas Jefferson (1743 – 1826), der dritte Präsident der Vereinigten Staaten von Amerika. Durch ihn erhielt Franklin unmittelbare Berichte von den Ereignissen der Französischen Revolution.

es am 4. Dezember 1789: «Die Zuckungen in Frankreich sind mit unangenehmen Umständen begleitet; wenn das Volk aber nur im Kampfe der Nation Freiheit und eine gute Verfassung erringt und sichert, so werden diese ... Segnungen den Schaden, den ihre Erwerbung veranlasste, reichlich vergüten. Gott gebe, dass nicht bloß Liebe zur Freiheit, sondern auch durchgreifende Kenntnis der Menschenrechte alle Völker der Erde durchdringe, sodass ein Philosoph überall auf ihr seinen Fuß hinsetzen und sagen kann: ‹Das ist mein Vaterland!›»

Durch Thomas Jefferson, der ihn im März 1790 wenige Wochen vor seinem Tod am Krankenlager besuchte, bekam Franklin auch persönlich ein Bild der Französischen Revolution vermittelt, und mit voller Intensität nahm er die Dramatik der weltgeschichtlichen Ereignisse in seine Seele auf.

Die Nachrichten von den revolutionären Ereignissen aus Frankreich konnten die Last des Alters, die Benjamin Franklin mit dem Jahreswechsel 1789/90 voll zu ertragen hatte, kurz übertönen. Die Gicht und der Blasenstein, die ihn ja schon lange quälten, ertrug er mit bewundernswerter Gelassenheit, und klaren Blickes konnte er auf das Ende seines Lebens schauen.

In den letzten Lebenswochen nahm der Kranke dankbar die liebevolle Pflege seiner Angehörigen entgegen. So verließ er unmittelbar vor seinem Tod sein Bett mit der Bitte, es neu zu richten, «denn er wolle auf anständige Art sterben». Wusste er, dass sein Verlassen der Erde so nahe war?

Der Tod Benjamin Franklins am 17. April 1790 bewegte das ganze Land; besonders innigen Abschied von seiner sterblichen Hülle nahmen – in einer für uns heute gar nicht vorstellbaren Weise – die Bürger von Philadelphia.

Und Franklin selber? Das Resümee seines Lebens und Sterbens zog er in seinem letzten Brief fünf Wochen vor seinem Tod im Hinblick auf die göttlich-geistige Welt. Auf eine Anfrage vom Präsidenten der Yale University hin hat er am 9. März 1790 seinen persönlichen Glauben, sein Lebensbekenntnis verfasst. Es lautete:

«Ich glaube an einen Gott, einen Schöpfer des Weltalls. Dass Er mit seiner Vorsehung regiert. Dass Er angebetet werden soll. Dass wir Ihm am besten dienen, indem wir gut zu Seinen anderen Kindern sind. Dass die menschliche Seele unsterblich ist und in einem anderen Leben Gerechtigkeit erfahren wird, je nach ihrem Betragen in diesem …, dass ich selbst die Güte des Jesus-Christus erfahren habe, der mich glücklich durch ein langes Leben geführt hat, sodass ich nicht daran zweifle, dass dies auch im Jenseits so sein wird, ohne dass ich Anspruch erhebe, es zu verdienen. Dies betrachte ich als die grundlegenden Prinzipien jeder gesunden Religion.»

Nachklang

Das Leben und Wirken von Benjamin Franklin beeinflusste auch weiterhin die amerikanische Geschichte. Die meisten seiner Erfindungen, sozialen Einrichtungen und wissenschaftlichen Erkenntnisse haben bis zum heutigen Tage Bestand. Das ist und war auch den amerikanischen Bürgern stets bewusst, und so lebt Benjamin Franklin im jungen Geschichtsbewusstsein Amerikas weiterhin als grandioses, aber auch lebensnahes Vorbild. An vielen Orten wird sein Name voller Anerkennung für soziale, wissenschaftliche und kulturelle Einrichtungen verwendet.

Die große Wirkung von Benjamin Franklins lebenslangem Freiheitsstreben finden wir auch in den Werken vieler Künstler wieder. Auch in Deutschland wurden er und sein Lebenswerk in Briefen, Gedichten und Festreden bis zum Ende des 19. Jahrhunderts immer wieder geehrt und gerühmt. Ein weniger bekannter Kupferstich findet sich bei Johann Heinrich Lips (1758 – 1817), der, quasi als Nachruf, schon 1790 in Weimar entstand und in Berlin gedruckt wurde. Lips lässt die Allegorie der Freiheit Franklins Büste mit einem Lorbeerkranz krönen. Sie hält in der anderen Hand ein

Die allegorische Figur der Freiheit ist im Begriff, einer Büste Benjamin Franklins einen Lorberrkranz aufzusetzen. In der Linken hält sie ein Zepter, auf dem eine einfache Kopfbedeckung steckt. Es handelt sich um die phrygische Mütze, einem Attribut der Freiheit. Ein Putto zeigt mit einem Stock auf einer Weltkarte auf Philadelphia. Auf einem anderen Teil der Karte liest man London, Paris und Berlin. Rechts liegt ein Teil einer Glasharmonika.

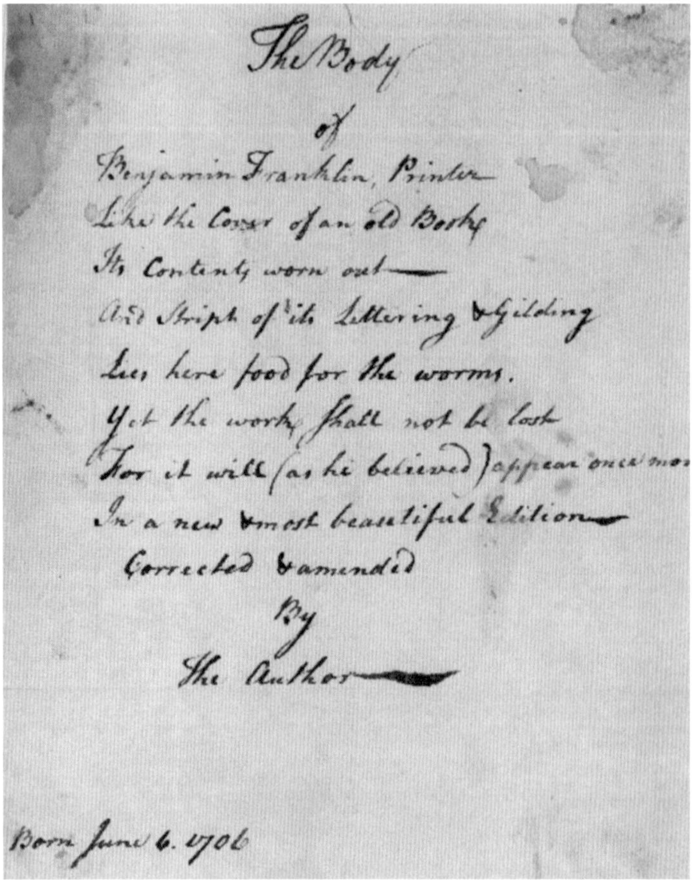

The Body
of
Benjamin Franklin, Printer
Like the Cover of an old Book
Its Contents worn out
And Stript of its Lettering & Gilding
Lies here food for the worms.
Yet the work shall not be lost
For it will (as he believed) appear once mor
In a new & most beautiful Edition
Corrected & amended
By
The Author

Born June 6. 1706

Die Grabinschrift, die Benjamin Franklin bereits als Einundzwanzigjähriger verfasste.

Zepter, auf dem eine Mütze steckt, wie sie damals auch Revolutionäre in Paris trugen. Auf der Weltkarte wird auf Philadelphia verwiesen, außerdem sind auch Paris, London und Berlin namentlich bezeichnet. So lebte Benjamin Franklin im Bewusstsein vieler Menschen fast als ein Bürger zweier Welten, als ein Brückenbauer für eine neue, freiheitsliebende Welt.

Es versteht sich fast von selbst, dass 1790 auch der amerikanische Kongress eine vierwöchige Staatstrauer beschloss. Weniger verständlich ist, weshalb Franklins Grabinschrift, die er selber nach seinem 21. Geburtstag entworfen hatte, nicht in den Grabstein bei der Christ Church eingemeißelt wurde, fasste er doch in jugendlich-genialer Weise sein Verhältnis zur geistigen Welt in ein prägnantes Bild:

Hier ruht
Der Leib des Benjamin Franklin, Drucker,
Wie der Einband eines alten Buches,
Dessen Inhalt herausgerissen
Und das seiner Buchstaben und Vergoldung beraubt wurde,
Den Würmern zur Speise.
Doch das Werk wird nicht verloren sein,
Denn es wird (wie er glaubte) noch einmal erscheinen,
In einer neuen und vornehmeren Ausgabe,
Revidiert und korrigiert
Vom Autor.

Zeittafel

1706	Geburt am 17. Januar in Boston. (Eigentlich war der 6. Januar Franklins Geburtstag, erst seit der Kalenderreform von 1752 entsprach dieses Datum dem 17. Januar.)
1714	Besuch der Lateinschule
1715	Benjamin wird in Mr. Brownells Schreib- und Rechenschule geschickt.
1716	Mitarbeit in der väterlichen Kerzen- und Seifenwerkstatt
1718	Beginn der Buchdruckerlehre bei seinem Bruder James
1723	Auszug aus Boston nach Philadelphia, arbeitet dort als Drucker
1724	Gouverneur William Keith schickt Benjamin nach London; er findet dort Arbeit in der Druckerei von Samuel Palmer.
1726	Rückkehr nach Philadelphia; Franklin arbeitet in dem Laden von Thomas Denham bis zu dessen Tod.
1727	Franklin arbeitet wieder im Buchdruckergewerbe. Gründung der Junto
1728	Gründung einer eigenen Druckerei, zusammen mit einem Geschäftspartner
1729	Franklin gibt eine eigene Zeitung heraus, die Pennsylvania Gazette.
1730	Heirat mit Deborah Read. Geburt des Sohnes William Franklin

1731	Aufbau der ersten öffentlichen Leihbibliothek Amerikas
1732	Geburt des Sohnes Francis Folger (gestorben 1736)
1732 – 1757	Herausgabe seines Almanachs *The Poor Richard*
ab 1736	zahlreiche technische Erfindungen (u.a. fälschungssichere Geldscheine, funktionsgerechter Ofen, Trittleiterstuhl, Glasharmonika, Blitzableiter) und Neuerungen im Gemeinwesen (Feuerwehr und Feuerversicherung, Universität, Hospital, Bürgerwehr, Straßenpflasterung und Straßenbeleuchtung)
1737	Ernennung zum Postmeister von Philadelphia
1743	Geburt der Tochter Sarah
1745	Beginn der Experimente mit Elektrizität
1750	Erster Vorschlag des Gebrauchs von Blitzableitern zum Schutz vor Blitzeinschlag
1751	Franklin wird als Volksvertreter in die Assembly von Pennsylvania gewählt.
1752	Berühmtes Drachenexperiment Franklins, das nachweist, dass ein Blitz ein elektrisches Phänomen ist
1753	Ernennung zu einem der zwei Generalpostmeister von Nordamerika
1754	Beginn der kriegerischen Auseinandersetzungen zwischen England und Frankreich. Berühmtes Cartoon «Join or Die» von Franklin
1755/56	Als Generalpostmeister übernimmt Franklin viele organisatorische und militärische Aufgaben.
1757	Reise nach London (zusammen mit Sohn William) als Bevollmächtigter der Assembly von Pennsylvania. Fünfjähriger Aufenthalt in London, wo er seinen Auftrag erfüllt und eine hohe Besteuerung der Familie Penn durchsetzt
1761	Erfindung der Glasharmonika
1762	Rückkehr nach Philadelphia
1764	Erneute Reise nach London. Franklin vertritt mehrere Kolonien gegenüber der englischen Regie-

	rung. Sein Kampf gegen die Stempelsteuer ist erfolgreich.
1771	Beginn der Niederschrift seiner Autobiografie
1774/75	Bruch mit der englischen Regierung nach der Affäre um die Hutchison-Briefe. Franklin wird als Generalpostmeister entlassen. Rückkehr nach Philadelphia
1775	Franklin wird als Delegierter in den Zweiten Kontinentalkongress entsandt.
1776	Mitwirkung bei der Ausarbeitung der Unabhängigkeitserklärung der USA vom 4. Juli. Der Kongress ernennt Franklin zum Botschafter in Frankreich. Aufbruch nach Paris im Oktober
1776 – 1785	Aufenthalt in Frankreich. Dort betreibt er u.a. auch eine eigene Druckerei und gibt eine Zeitschrift heraus.
1778	Diplomatische Anerkennung der USA durch Frankreich; amerikanisch-französischer Bündnisvertrag am 6. Februar
1782	An der Aushandlung eines Friedensvertrags mit England beteiligt
1783	Friedensvertrag zwischen England und Frankreich sowie Anerkennung der Unabhängigkeit Amerikas durch England am 3. September
1785	Rückkehr nach Philadelphia. Wahl zum Präsidenten von Pennsylvania
1787	Mitwirkung bei der Ausarbeitung der amerikanischen Verfassung
1788	Wiederwahl zum Präsidenten von Pennsylvania
1790	Franklin setzt sich in Briefen und Petitionen gegen die Sklaverei ein. Am 17. April 1790 stirbt er.

Literaturhinweise

Benjamin Franklin's Experiments: A New Edition of Franklin's Experiments and Observations on Electricity, ed., with a critical and historical introduction, by I. Bernard Cohen, Cambridge, Mass., 1941.

H. W. Brands: *The First American. The Life and Times of Benjamin Franklin*, New York 2000.

Candace Fleming: *Ben Franklin's Almanac. Being a True Account of the Good Gentleman's Life*, New York u.a. 2003.

Alice J. Hall: Benjamin Franklin. Philosopher of Dissent, in: *National Geographic*, Vol. 148 / No. 1, Juli 1975, S. 93 ff.

Walter Isaacson: *Benjamin Franklin. An American Life*, New York 2003.

Leonard W. Labaree, Ralph L. Ketcham, Helen C. Boatfield (Hrsg.): *The Autobiography of Benjamin Franklin*, Second Edition, with a new foreword by Edmund S. Morgan, New Haven & London 2003.

Joseph A. Leo Lemay: *The Life of Benjamin Franklin*, 3 Bände, Philadelphia 2006 – 2008. Band 1: *Journalist*: 1706 – 1730, Philadelphia 2006; Band 2: *Printer and Publisher*: 1730 – 1747, Philadelphia 2006; Band 3: *Soldier, Scientist, and Politician*, 1748 – 1757, Philadelphia 2008.

Edmund S. Morgan: *Benjamin Franklin. Eine Biographie*, München 2005.

Musée Carnavalet – Histoire de Paris: *Benjamin Franklin. Un américain à Paris*, Paris 2007.

Musée des arts et métiers: *Benjamin Franklin. Homme de science, homme du monde, Conservatiore nationaldes arts et métiers*, Paris 2007.

Jürgen Overhoff: *Benjamin Franklin. Erfinder, Freigeist, Staatenlenker*, Stuttgart 2006.

Page Talbott (Hrsg.): *Benjamin Franklin. In Search of a Better World*, New Haven, London 2005.
Carl Van Doren: *Benjamin Franklin*, Nachdruck der Ausgabe von 1938, New York 1991.
Gordon S. Wood: *The Americanization of Benjamin Franklin*, New York 2004.

Informationen im Internet
www.wikipedia.de

Auf Englisch:
www.earlyamerica.com/lives/franklin/index.html
www.english.udel.edu/lemay/franklin
www.benfranklin2006.org
www.ushistory.org/franklin/
www.fi.edu/franklin/

Abbildungsnachweis

Archiv für Kunst und Geschichte, Berlin (akg-images): S. 6 (Gemälde von Joseph Boze), 13 (Landung der Puritaner, Lithografie von Currier & Ives), 15 (Der erste Thanksgiving Day, Gemälde von George Henry Boughton), 86 links (Kupferstich von Johann Friedrich Bause nach Anton Graff), 86 rechts (Kupferstich von Petit nach Martin van Meytens), 99 (Gemälde nach A. Foster), 101 (Gemälde von Alan Ramsay), 156 (Stich von Friedrich Weber).

Aus *Benjamin Franklin. In Search of a Better World:* S. 2 (Porträt von James McArdell nach Benjamin Wilson, 1761), 10 (Stadtkarte von Boston, 1722; Druck von John Bonner), 29, 52 (Gemälde von Benjamin Wilson, ca. 1758), 53, 59, 60, 66 (Stich von Henry Steeper und John Dawkins, 1755), 67 68 (Gemälde von William und Thomas Birch, 1792), 71, 72, 80 (Stich von unbekanntem Künstler, 1752), 92, 97 (Glasharmonika, ca. 1761), 102 (Gemälde von Mather Brown, ca. 1790), 108 (Gemälde von David Martin, 1767), 113 (Titelseite von *The Pennsylvania Journal*, 1765), 115 (Stich von 1766, Benjamin Wilson zugeschrieben), 120 (Gemälde von Robert Whitechurch nach Christian Schussele, 1859), 124 (Cartoon von Franklin, 1754), 127 (Entwurf zur Unabhängigkeitserklärung, Juni 1776), 131 (Porträt von Charles Gravier nach Antoine-François Callet, ca. 1781), 136 (Stich von Augustin de Saint-Aubin, 1777), 137 (Gemälde von John Trumbull, 1790), 140, 142, 143 (Gemälde von William Overend Geller), 144 (Gemälde von Louis-Michel van Loo, 1755), 148 (Gemälde von Charles Willson Peale, 1785), 150, 153 (unvollendetes Gemälde von Benjamin West, 1783), 158 (Büste von Jean-Antoine Houdon, 1779), 162 (Gemälde von John Hoppner, 1793), 164 (Karte des Golfstroms, aus: Benjamin Franklin, Maritime Observations, 1786).

Aus *Benjamin Franklin. Homme de science, homme du monde, Conservatiore nationaldes arts et métiers:* 36 (Gemälde von Benjamin West, ca. 1711), 79 (American Philosophical Society of Philadelphia), 27, 61 (American Philosophical Society of Philadelphia), 70 (Paris, Ende 18. Jahrhundert), 76 (Stich aus dem 19. Jahrhundert, Collection Selva), 87 (Gemälde von Charles Willson Peale, 1779), 135 (American Philosophical Society, Philadelphia, 1778), 132 (Gemälde von N. J. B. Raguenet, 1757), 172 (Handschrift Benjamin Franklins, 1728).

Aus *Ben Franklin's Almanac. Being a True Account of the Good Gentleman's Life:* 12 (Stich von Friedrich Balthasar Leizelt, ca. 1775), 17 (Holzgravur, ca. 1810), 18 (Porträt einer Schule in Neu-England im 18. Jahrhundert, Lithografie), 37 (Stich von 1757), 42 (Stich von Friedrich Balthasar Leizelt, ca. 1775), 54 (Gemälde von Charles E. Mills, ca. 1914), 73 (Zeichnung aus Franklins Buch *Experiments and Observations on Electricity*, 1751), 109 (Holzschnitt von Benjamin Franklin, 1766), 114 (Zeichnung von Daniel Berger nach Daniel Chodowiecki, 1784), 116 (Zeichnung von Paul Revere, 1770), 117 (Zeichnung in *Harper's Monthly*, 1851), 128 (National Archives, Washington, 1776), 133 (Zeichnung von Holly Pribble nach einem Aquarell von Mme. Brillon, 1779), 134 (Radierung von Daniel Chodowiecki, 1784), 149 (Stich von 1783), 155 (Vertrag von 1783, National Archives, Washington), 161 (Gemälde von Charles E. Mill, ca. 1920), 165 (Zeichnung von Holly Pribble nach einem Gemälde von Jean Leon Gerome, 1787), 167 (Lithografie von Pendleton nach einem Gemälde von Gilbert Stuart, 1828).

Aus *Benjamin Franklin. Philosopher of Dissent:* S. 30 (Statue an der University of Pennsylvania), 34/35 (Stich von Carrington Bowles, ca. 1778), 55 (Philadelphia im 18. Jahrhundert: Ecke Second Street / Market Street), 56 (Library Company of Philadelphia)

Library of Congress (Nationalbibliothek der USA): 126 (Gemälde von Jean Leon Gerome Ferris, 1900)

Mid-Manhattan Library / Picture Collection, New York: S. 33

The Philadelphia Contributionship for the Insurance of Houses from

Loss by Fire: 65 links (Fassade des Keith House, Entwurf von Thomas U. Walter)

Cliché Bibliotheque Nationale de France, Paris: S. 88 (Plan von Fort Duquesne, ca. 1755)